改訂 保育者が学ぶ

子ども家庭支援論

植木信一　編著

小川　晶・角張慶子・白取真実・竹並正宏
梨本竜子・野島正剛・橋本景子・廣井茂道
義永睦子・渡邉　彩　共著

建帛社
KENPAKUSHA

ま　え　が　き

　読者の皆さんは，「子ども」や「家庭」を「支援」する方法に関して，さまざまな認識をもっていることだろう。そのため，このテキストは，子ども家庭支援に対する多様なアプローチに応えられるよう編集を心がけている。

　本書の前身は「家族援助論」，「家庭支援論」のテキストとして出版，改訂されてきたものである（初版 2010 年）。このたび 2019 年度実施の保育士養成課程により科目名が「子ども家庭支援論」に変更され，内容も改められたことに伴い，その対応テキストとして，稿を改め，発行するものである。

　筆者は第 1 章において，子ども家庭支援とは「支援を必要とする子ども家庭に働きかけて，当該子ども家庭に必要な生活上の機能や役割が円滑に果たされるよう，また回復できるよう支援すること」と定義した。子ども家庭の構成メンバーだけでは解決できない場合，彼らは第三者の支援を必要とすることになるだろう。その場合の社会的な行為が，子ども家庭支援における諸施策として具現化されるのである。つまり，子ども家庭支援は「子ども家庭の生活上のセーフティ・ネット」としての機能をも果たすことになる。

　もし，子ども家庭支援を必要とする人たちが当該地域に存在し，緊急な支援を必要としているのであれば，私たちは，マンパワーとしてそれに応える専門的力量を備えておく必要があるのではないだろうか。そのマンパワーの活躍の場が多岐に渡るものであるとすれば，子ども家庭支援の仕組みそのものが，多様なかかわりの中で機能することを意味する。

　結果的に，子ども家庭支援論を学ぼうとする者がマンパワーとして実践する中で，「子どもや家族にかかわる実践をすることができて，本当によかった」と実感してほしいと願うのである。

　多様な専門分野の執筆陣によって構成されたこのテキストには，そのような想いが込められている。そしてその執筆陣の努力に感謝を申し上げたい。

　最後に，この企画の構想を私たち執筆陣に提案していただき，専門分野の異なる執筆陣を辛抱強くまとめてくださった建帛社の宮﨑潤氏には，心より感謝を申し上げる。

2019 年 3 月

編　者　植木　信一

改訂にあたって

　国の子ども家庭支援の動向が新たな局面を迎えている。2023（令和 5）年 4 月，厚生労働省等から子ども家庭施策が分離され，「こども家庭庁」が発足した。また，こども家庭庁の発足と同時に「こども基本法」が施行され，「こども」についての定義や権利，施策について定められた。その他，児童福祉法など子ども家庭支援に関連する法令の改正が進められた。

　この，こども家庭庁のキャッチフレーズが「こどもまんなか社会」の実現である。すなわち，すべての子どもや若者が，児童福祉法，こども基本法，児童の権利に関する条約等の精神をふまえ，生涯にわたる人格形成の基礎を築きながら自立した個人として健やかに成長でき，心身の状況や置かれた環境等にかかわらず幸せな状態（ウェルビーイング）で生活できる社会のことである。

　これらを受けて，このたび本書の改訂版を発行することとした。施策・法令への対応のみならず，巻末の事例集もテーマをそのままに時代に即した形で内容を一新し，統計データ等の更新を行うなど，最新の情報を盛り込んだテキストになるよう編集を心がけた。

　本書が学生のみならず，子ども家庭支援の現場スタッフにもご活用いただければ幸いである。

2024 年 3 月

編　者　植木　信一

も　く　じ

第9章　子ども家庭支援のためのソーシャルワーク

第10章　子ども家庭支援のためのカウンセリングマインド

子ども家庭支援に役立てる事例集

第1章

子ども家庭支援の意義と役割

1——子ども家庭支援の意義と必要性

　子ども家庭支援とは，支援を必要とする子ども家庭に働きかけて，当該子ども家庭に必要な生活上の機能や役割が円滑に果たされるよう，また回復できるよう支援することを目的とする。

　そのために，子ども家庭の構成メンバーが自ら生活上の機能や役割を果たせるよう支援し，それによって果たせない場合においても，保護者に代わって子ども家庭支援を果たす機能をもっている。つまり，子ども家庭支援は，子ども家庭の生活上のセーフティ・ネットとしての機能を果たすという意義をもつ。

1 子ども家庭支援のための新たな仕組み

　国は，子ども家庭支援のためのセーフティ・ネットとしての役割を果たすことが必要である。これまで児童福祉法等により，子ども家庭支援を進めてきたが，国の責務等を一層明らかにし，社会全体として子ども施策に取り組むことができるよう新たな仕組みを構築することになった。

　その1つが，こども基本法の制定である。子ども施策の基本となる事項を定めるとともに，子ども施策を総合的に推進するため，2022（令和4）年6月に，こども基本法を制定し，2023（令和5）年4月より施行している。本法では，「こども」の定義を「心身の発達の過程にある者」（第2条第1項）とし，幅広くその対象を規定しているところに特徴がある。また，国が推進すべき「こども施策」（第2条第2項）を以下の3つに整理している。

(1)新生児期，乳幼児期，学童期および思春期の各段階を経て，大人になるまでの
　心身の発達の過程を通じて切れ目なく行われるこどもの健やかな成長に対す
　る支援
(2)子育てに伴う喜びを実感できる社会の実現に資するため，就労，結婚，妊娠，
　出産，育児等の各段階に応じて行われる支援
(3)家庭における養育環境その他のこどもの養育環境の整備

　また，「全てのこどもについて，その年齢及び発達の程度に応じて，自己に
直接関係する全ての事項に関して意見を表明する機会及び多様な社会的活動に
参画する機会が確保されること」（第3条）や，「全てのこどもについて，その
年齢及び発達の程度に応じて，その意見が尊重され，その最善の利益が優先し
て考慮されること」（第3条）などを基本理念としていることから，子どもの
権利を重視ていることがわかる。さらに，国および地方公共団体は，これら子
どもの意見を反映させたこども施策を策定することになっている（第11条）。
　新たな仕組みの2つ目が，こども家庭庁の設置である。これまで文部科学
省，厚生労働省と内閣府にまたがっていた子ども家庭支援の仕組みを，2023
（令和5）年4月に内閣府の外局として一元化したものが，こども家庭庁である。
　こども家庭庁には，こども家庭審議会が置かれ，こども施策に必要な事項を
内閣総理大臣に諮問することになっている。2023年4月21日には，内閣総理
大臣の諮問（第1号）があり「今後5年程度を見据えたこども施策の基本的な
方針及び重要事項等について」検討を進めることになった。
　こども家庭審議会には，3つの分科会と，8つの部会があり，それぞれ具体
的な事項について審議が進められている。
　【分科会】　①子ども・子育て支援等分科会，②児童福祉文化分科会，③成育
　　　　医療等分科会
　【部　会】　①基本政策部会，②幼児期までのこどもの育ち部会，③こどもの
　　　　居場所部会，④科学技術部会，⑤社会的養育・家庭支援部会，⑥児童虐
　　　　待防止対策部会，⑦障害児支援部会，⑧こどもの貧困対策・ひとり親家
　　　　庭支援部会

　新たな仕組みの3つ目が，「こども大綱」の制定である。これまで別々に作成・推進されてきた「子供の貧困対策に関する大綱」「少子化社会対策大綱」および「子供・若者育成支援推進大綱」の3つを1つに束ね，こども施策に関する基本的な方針や重要事項等を一元的に定めたものが「こども大綱」である。

　2023（令和5）年12月には，「こども大綱」のほかに「幼児期までのこどもの育ちに係る基本的なビジョン（はじめの100か月の育ちビジョン）」および「こどもの居場所づくりに関する指針」が，それぞれ閣議決定され，政府が掲げる「こどもまんなか社会」の実現に向けた，今後5年程度の子ども施策の基本的方針が示されることとなった。

　また，こども基本法には，「こども大綱」に基づいて「都道府県こども計画」を策定するよう努力義務が定められ，さらに「こども大綱」および「都道府県こども計画」をふまえて「市町村こども計画」を策定する努力義務が定められていることから，今後は自治体レベルでの議論が進められることになる。

2 子どもの育ちを支援する

　子どもは，年齢とともに，その取り巻く環境条件を複雑化させ，コミュニケーション関係も拡大せざるを得なくなってくる。そうしたコミュニケーション関係の急激な拡大にうまく対応できず，子ども自身がコントロールを失ってしまうことがある。もし，子どもがコミュニケーション関係の拡大に対応できないまま，子ども期を過ごさざるを得ないとしたら，自立のきっかけさえも失ってしまうことにもなりかねないだろう。

　また，さまざまな種類の性質をもつ人々とのかかわりは，人間関係を醸成する場にもなれば，反面，葛藤の場ともなるだろう。いずれにしても子どものコミュニケーション関係を広げ，社会性を獲得する上できわめて重要である。

　つまり，子ども自身にコミュニケーション能力がないのではなく，潜在化したまま十分に発揮できない状態で葛藤している状態にあると解釈することができる。したがって，多様な経験を積み重ねることによって，本来子どもが潜在的にもっているコミュニケーション能力を顕在化させ，その力をもって自ら育

つことができると考えることができる。

　子どもの抱える課題やコミュニケーション能力の獲得に必要な経験を家庭の
みで保障することが困難な場面にこそ，子ども家庭支援の専門的な機能やシス
テムが必要とされるのである。

３ 子どもの自立を支援する

　子どもでさえも，ストレスや自己葛藤を抱えながら生活しているものであ
る。一般的には，そうした感情を自分自身でコントロールする術をもつことで
ストレスを解消し，感情と健康のバランスを保つことができる。

　ところが，そうしたバランスが崩れたり，自己葛藤を抱えたまま解消できな
かったりする場合，いじめという手段で解消しようとすることがある。

　家庭や児童福祉施設においても，例えばいじめ等の生活上の課題を抱えなが
ら日々悩んでいるところが少なくないし，その様子や原因は，個々の事情に
よってさまざまである。

　つまり，そのような生活上の課題とは，そうした子どもの解消されない自己
葛藤から表出する1つの救援サインであるとみることができる。どのような子
どもでも安定した関係性を保ちたいと願うだろう。しかし，その自己表現がう
まくいかないと，とたんにバランスが崩れるのである。そうしたサインの意味
を取り違えることなく，生活の場等を活用しながら，子どもの自己葛藤やスト
レスを解消する支援者の存在が必要である。

　一方で，学年が進むにつれて，あきらめ感を募らせる子どもも少なくない。
まわりの友だちから意識されることもなく，自分自身の存在そのものを否定し
てしまうこともあるだろう。

　おそらく彼らは，これまで自分自身の存在を認めてもらおうと何度も試みて
きた結果，ことごとく打ち砕かれ，あきらめ感を蓄積してきたのだろう。そう
した子どもたちの感覚は，虚無感に近いものであり，その虚無感は，自己否定
感にもつながるものである。自己否定感から自己肯定感に転換するきっかけが
必要である。

　子どもたちの自己肯定感を回復するということは，「児童の権利に関する条約」（1989年）でいうところの「子どもの最善の利益（第3条）」を確保するために「意見表明権（第12条）」を保障するということにもつながる。具体的には，安心して生活し，自己肯定感を回復するための力をつけるこということである。子どもたちが自分自身の力で自立することができるように寄り添うことが必要であり，子ども家庭支援の重要な役割として認識される必要があるだろう。

▌2——子ども家庭支援の目的と機能

　子ども家庭に関する多様で複合的なの課題が指摘されるようになってきた今日，子どもや家庭を取り巻く社会的環境の変化を正確に捉え，的確な支援に結びつくように対応できる子ども家庭支援体制が必要とされている

　したがって，子ども家庭支援とは，支援を必要とする子ども家庭にはたらきかけて，当該子ども家庭に必要な生活上の機能や役割が円滑に果たされるよう，また回復できるよう支援することを目的とする。

　例えば，保護者にとっては，自らのライフサイクルにおける生活と子育てとのバランスのとり方が重要であり，そのために各種の子ども家庭支援サービスが提供され，専門職者の支援が必要とされるのである。そのようなバランスがとれてはじめて，子育てにかかわる喜びを実感できるのではないだろうか。

　また，子ども自身にとっても，自らの発達を自らの力によって促すために多くのかかわりを必要とする。そのかかわりとは，子ども同士のかかわりであったり，保護者や他の大人，あるいは専門職者とのかかわりであったりするだろう。そのような環境条件の中で，自らの発達の喜びを実感できるのはないだろうか。

　子ども家庭支援の目的を果たすためには，まず，家庭の構成メンバー同士のはたらきかけが必要とされる。しかし，抱える課題が大きいほど，家庭の構成メンバー同士のはたらきかけに限界が生じ，国や地方公共団体の公的支援を必

要とする。したがって，家庭機能の維持や回
復を支援するためには，家庭の構成メンバー
のみならず，国や地方公共団体による公的支
援の充実が不可欠である。

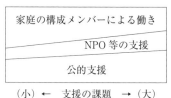

（小）←　支援の課題　→（大）

　現時点においてその公的支援が不十分な場
合，NPO（非営利団体）やボランティア等

図1−1　子ども家庭支援の概念

（以下「NPO 等」とする）が，子ども家庭への支援的役割の一部を果たすこ
とになる（図1−1）。

　例えば，保護者に子ども育成の責任があることは，民法820条にも規定され
（p.11 参照），児童福祉法第2条によれば，保護者と国・地方公共団体はとも
に子どもを育てる旨が規定されている。つまり，子どもの状況に応じながら，
国や地方公共団体の育成責任の割合が増し，必要に応じて保護者への支援を実
施する。

　子ども家庭支援とは，まず家庭の構成メンバー自らが育成責任を果たせるよ
う支援するものであり，それによっても果たせない場合には，保護者に代わっ
て支援を果たす機能をもっているのである。

　家庭の構成メンバーが，家庭生活上のさまざまな場面において安定を求めよ
うとすることは，きわめて自然発生的な行為である。しかし，自らの意思や行
為とは関係のない次元で，安定を求める行為が阻害されてしまったら，生活を
維持する気力さえ衰退させてしまうかもしれない。まして，子ども家庭支援
ニーズの蓄積している家庭にとってはどうだろうか。日常生活上の安定が阻害
されないように家庭の構成メンバーも努力しようとするだろうし，また，その
縁者等もなんらかの努力をすることになる。一方で，そうした家庭や縁者等だ
けでは解決できない場合，彼らは第三者の支援を必要とすることになる。

　もし，個人的な意思や行為とはまったく関係のない社会的な要因によって日
常生活の安定が阻害されていたとしたら，それは社会的な責任によって日常生
活の保障がされなければならない。つまり，子ども家庭支援とは，家庭生活上
のセーフティ・ネットとしての機能も果たしていることになる。

3——子ども家庭支援の現状と課題

1 子ども家庭支援の社会的課題

　2022（令和 4）年の日本の合計特殊出生率は，1.26[1)]を記録し，前年の1.30 を下回り過去最低となった。合計特殊出生率とは，15〜49 歳の女性の年齢別出生率を合計したもので，一人の女性が仮にその年次の年齢別出生率で一生の間に生むとしたときの子どもの数に相当する。1970 年代の第 2 次ベビーブーム以降，合計特殊出生率の低下傾向は続き，1989（平成元）年には，その合計特殊出生率から「1.57 ショック」と呼ばれ，大きな関心を呼んだ。しかし，国民全体が，こうした少子化傾向を認識しながら，なおも合計特殊出生率の回復をみないのはなぜだろうか。

　夫婦が考える，「平均理想子ども数」と「平均予定子ども数」を比較すると（表 1 − 1）[*1]，理想は「2.25 人」となっているのに対し，予定は「2.01」と，その数字に乖離（かいり）がある。つまり，理想では「産みたい」けれど，予定では「産めない」と考えているのである。さらに，「平均理想子ども数」「平均予定子ども数」ともに，減少傾向にあることがわかる。

　子どもを産むという行為は，夫婦や家庭のプライベートな行為であり，あくまでも自由な意思によって決定されることである。子どもの数を制度や政策によってコントロールされるべきではない

表 1 − 1　平均の理想・予定子ども数の比較と推移

調査年	理想	予定
1977年	2.61人	2.17人
1982年	2.62人	2.20人
1987年	2.67人	2.23人
1992年	2.64人	2.18人
1997年	2.53人	2.16人
2002年	2.56人	2.13人
2005年	2.48人	2.11人
2010年	2.42人	2.07人
2015年	2.32人	2.01人
2021年	2.25人	2.01人

（国立社会保障・人口問題研究所：出生動向基本調査（結婚と出産に関する全国調査），2022 より作成）

＊1　国立社会保障・人口問題研究所「第 16 回出生動向基本調査（結婚と出産に関する全国調査）」2022 より。対象は初婚同士の夫婦（妻 50 歳未満）。

ことは明らかであり，国家が直接介入すべき事柄ではない。しかし，夫婦や家庭を取り巻く生活上の諸課題が，直接的・間接的に大きく影響しているとすれば，その阻害要因を取り除くための子ども家庭支援の充実が，きわめて重要となってくるだろう。

　合計特殊出生率の低下が，夫婦や家庭の自由な意思決定による「個人的な課題」ではなく，「産みたいけれど産めない」状況に導く「社会的な課題」によって影響されていることは，上記の理想と実際との乖離からみても容易に予想できるのではないだろうか。

　子ども家庭支援の諸課題の原因が，子どもや家庭の「個人的な課題」ではなく，その個人が影響される「社会的な課題」にあるならば，それを取り除く「社会的な責任」によって，子ども家庭支援が遂行されなければならない。まずは，子ども家庭支援が必要とされる現状を理解しなければならない。

　そこで次に，「子どもを持つ理由」（表1―2）と「理想の子ども数を持たない理由」（表1―3）を比較してみよう。

　「子どもを持つ理由」のうち「子どもがいると生活が楽しく豊かになるから（80.0％）」が最も高い。次に，「好きな人の子どもを持ちたいから（40.9％）」「結婚して子どもを持つことは自然なことだから（33.8％）」が続く。つまり，

表1―2　子どもを持つ理由

子どもがいると生活が楽しく豊かになるから	80.0%
好きな人の子どもを持ちたいから	40.9%
結婚して子どもを持つことは自然なことだから	33.8%
子どもは将来の社会の支えとなるから	19.2%
子どもは夫婦関係を安定させるから	16.9%
子どもは老後の支えになるから	15.5%
夫や親など周囲が望むから	14.1%
子どもを持つことで周囲から認められるから	4.5%

＊対象は理想子ども数が1人以上と回答した妻の調査時年齢50歳未満の初婚同士の夫婦（複数回答）。
（出典　国立社会保障・人口問題研究所：出生動向基本調査，2022）

表1－3　理想の子ども数を持たない理由

経済的理由	子育てや教育にお金がかかりすぎるから	52.6%
	自分の仕事（勤めや家事）に差し支えるから	15.8%
	家が狭いから	9.4%
年齢・身体的理由	高年齢で生むのはいやだから	40.4%
	ほしいけれどもできないから	23.9%
	健康上の理由から	17.4%
育児負担	これ以上，育児の心理的・肉体的負担に耐えられないから	23.0%
夫に関する理由	夫の家事・育児への協力が得られないから	11.5%
	末子が夫の定年退職までに成人してほしいから	6.7%
	夫が望まないから	8.9%
その他	子どもがのびのび育つ環境ではないから	5.0%
	自分や夫婦の生活を大切にしたいから	8.2%

＊対象は予定子ども数が理想子ども数を下回る妻の調査時年齢50歳未満の初婚同士の夫婦（複数回答）。
（出典　国立社会保障・人口問題研究所：出生動向基本調査，2022）

8割の夫婦が子どもを持つと生活が楽しくなると考え，約3割の夫婦が子どもを持つことが自然なことであると認識していることがわかる。

　一方で，「理想の子ども数を持たない理由」のうち，「子育てや教育にお金がかかりすぎるから（52.6％）」が最も高く，夫婦の半数以上が認識している。

　このようにみてくると，子どもがいると生活にプラスに影響すると認識しているにもかかわらず，子育てにお金がかかるなどの経済的理由が原因で，子どもを持てないと認識していることもわかる。「子どもを持たない」のではなく，本当は持ちたいのに「子どもを持てない」現状がわかってくるのである。これはやはり「個人的な課題」ではなく「社会的な課題」である。

　したがって，本当は持ちたいのに「子どもを持てない」現状を改善することが，子ども家庭支援の重要な役割であることがわかる。

2 児童福祉法の理念からみる子ども家庭支援の現状

　1947（昭和22）年に公布された児童福祉法は，これまで幾度となく改正を

児童福祉法

第1条　全て児童は，児童の権利に関する条約の精神にのつとり，適切に養育されること，その生活を保障されること，愛され，保護されること，その心身の健やかな成長及び発達並びにその自立が図られることその他の福祉を等しく保障される権利を有する。

第2条　全て国民は，児童が良好な環境において生まれ，かつ，社会のあらゆる分野において，児童の年齢及び発達の程度に応じて，その意見が尊重され，その最善の利益が優先して考慮され，心身ともに健やかに育成されるよう努めなければならない。

②　児童の保護者は，児童を心身ともに健やかに育成することについて第一義的責任を負う。

③　国及び地方公共団体は，児童の保護者とともに，児童を心身ともに健やかに育成する責任を負う。

第3条　前2条に規定するところは，児童の福祉を保障するための原理であり，この原理は，すべて児童に関する法令の施行にあたつて，常に尊重されなければならない。

繰り返してきたが，第1条（児童福祉の理念）および第2条（児童育成の責任）については，一度も改正されることはなかった。しかし，2016（平成28）年6月に抜本的な改正がされ，特に，「児童の権利に関する条約の精神」が，子どもの福祉を保障するための原理として明確に規定されることになった。

「児童の権利に関する条約の精神にのつとり，適切に養育されること」とは，児童の権利に関する条約（1989年国連採択・1994年日本批准）に規定する，子どもの能動性（主体性）や権利性が，国内法に具体的に規定されることを意味しており，子ども家庭支援を進める際に示唆的である。

「その生活を保障されること」とは，日本国憲法第25条の生存権規定が，子どもにも保障され得ることを意味する。「愛され，保護されること」は，受動的表現であるが，子どもの能動性（主体性）や権利性を否定しているわけではない。

子ども家庭支援を行う場合，その理念の主体である子どもに対し，実施の主体である保護者や大人，国や地方公共団体の責任によって子ども家庭支援が実

施されることに変わりはない。第2条第1項が，「全て国民は」として始まっていることからも，子ども家庭支援は子どもを取り巻くすべての社会人の義務として規定されていることがわかる。それは，子どもの保護者としての国民という意味と，それ以外の社会の構成員としての国民という両方の意味を持つと考えられる。つまり，子ども家庭支援はすべての国民が対象であり支援者であることがわかる。

　なお，保護者の責任と義務については，民法第820条に，「親権を行う者は，子の利益のために子の監護及び教育をする権利を有し，義務を負う」と規定されているように，民法上の責任と義務も定められている。「親権」とは，親（保護者）が子どもに対してもつ身分上，財産上の保護監督の権利と義務のことであり，「監護」とは，監督し保護することとされている。

　「心身ともに健やかに育成すること」とは，子どもが心身ともに，健やかに生まれ育つこととあわせて，その母体も心身ともに健やかでいることが確保される子ども家庭支援のことである。子どもおよび母体への医師・保健師等の専門的な支援や助産施設入所等の措置が確保されることになる。

　「育成されるよう努めなければならない」とは，子どもが心身ともに健やかに発達するために，保護者や子どもを取り巻く社会の構成員すべてが，努力しなければならないということである。ただし，「健やか」にという場合，決して障がいのあることを否定するものではない。たとえ重度の重複障がいがあっても，その生活が豊かであれば，彼らは十分「健やか」な状態にあるといえる。

　つまり，子ども家庭支援とは，子どもや家庭の生活が健やかで豊かな状態で維持されるために実施される支援であることがわかる。

▌4——保育所保育指針等にみる子ども家庭支援

　2017（平成29）年3月に告示され，2018（平成30）年4月より施行された最新の保育所保育指針（以下「指針」）は，2009（平成21）年の施行の（旧）保育所保育指針（以下「旧指針」）と比較して次のような特徴がある。

> **指針：第1章　総則**
> 　この指針は，児童福祉施設の設備及び運営に関する基準（昭和23年厚生省令第63号。以下「設備運営基準」という。）第35条の規定に基づき，保育所における保育の内容に関する事項及びこれに関連する運営に関する事項を定めるものである。各保育所は，この指針において規定される保育の内容に係る基本原則に関する事項等を踏まえ，各保育所の実情に応じて創意工夫を図り，保育所の機能及び質の向上に努めなければならない。

　「保育所保育指針解説」（厚生労働省，2018）によれば，「保育所保育指針の目指すところは，児童福祉の理念に基づいた保育の質の向上である。保育所には，この保育所保育指針を踏まえ，保育の専門性を発揮し，社会における役割を果たしていくことが求められる」と解説されている。2016（平成28）年に改正された児童福祉法の理念との関連において保育の質の向上や専門性については，いずれも社会的な役割であるとしている。

1 養護に関する基本的事項

　指針では，「養護に関する基本的事項」を総則において記載している。保育所の役割や目標など保育所保育に関する基本原則を示した上で，養護は保育所保育の基盤であり，保育所保育指針全体にとって重要なものであるとともに，総則に記載すべき最優先の内容であることも意味する。

> **指針**
> 2　養護に関する基本的事項
> (1)養護の理念
> 　保育における養護とは，子どもの生命の保持及び情緒の安定を図るために保育士等が行う援助や関わりであり，保育所における保育は，養護及び教育を一体的に行うことをその特性とするものである。保育所における保育全体を通じて，養護に関するねらい及び内容を踏まえた保育が展開されなければならない。

2 幼児期の終わりまでに育ってほしい姿

　「幼保連携型認定こども園教育・保育要領」「幼稚園教育要領」との整合性をふまえ，「幼児教育を行う施設として共有すべき事項」として，「育みたい資質・能力」および「幼児期の終わりまでに育ってほしい姿」が新たに示された。

> 指針
> 　4　幼児教育を行う施設として共有すべき事項
> ⑵幼児期の終わりまでに育ってほしい姿
> 　次に示す「幼児期の終わりまでに育ってほしい姿」は，第2章に示すねらい及び内容に基づく保育活動全体を通して資質・能力が育まれている子どもの小学校就学時の具体的な姿であり，保育士等が指導を行う際に考慮するものである。

　「幼児期の終わりまでに育ってほしい姿」とは，具体的には，㋐健康な心と体，㋑自立心，㋒協同性，㋓道徳性・規範意識の芽生え，㋔社会生活との関わり，㋕思考力の芽生え，㋖自然との関わり・生命尊重，㋗数量や図形，標識や文字などへの関心・感覚，㋘言葉による伝え合い，㋙豊かな感性と表現，以上の項目が示されており，保育士が保護者とともに共有しながら保育を行うことは，子ども家庭支援の重要な役割となる。

3 保育の内容・小学校や家庭との連携

　指針第2章に示す「内容」は，「ねらい」を達成するために，子どもの生活やその状況に応じて保育士等が，子どもに適切にかかわる事項等を示したものである。その対象は，「1　乳児保育に関わるねらい及び内容」のほかに，「2　1歳以上3歳未満児の保育に関わるねらい及び内容」，「3歳以上児の保育に関するねらい及び内容」が具体的に示されている。

　子ども家庭支援を進める上でも，それぞれの発達段階に応じた内容をふまえた支援を進めることは重要である。

　また，保育所と小学校との連携は子どもの育ちにとっても重要な事項であ

る。両者のよりよい接続によって，指針第1章で示された「幼児期の終わりまでに育ってほしい姿」が引き継がれ，円滑な連携が可能となる。加えて家庭等と連携することで，子どもの生活の連続性を意識した保育が可能となり，保育士と家庭との情報共有などを通して適切な子ども家庭支援を進めることができる。

指針：第2章　保育の内容

1　乳児保育に関わるねらい及び内容

⑴基本的事項

ア　乳児期の発達については，視覚，聴覚などの感覚や，座る，はう，歩くなどの運動機能が著しく発達し，特定の大人との応答的な関わりを通じて，情緒的な絆が形成されるといった特徴がある。これらの発達の特徴を踏まえて，乳児保育は，愛情豊かに，応答的に行われることが特に必要である。

4　保育の実施に関して留意すべき事項

⑵小学校との連携

ア　保育所においては，保育所保育が，小学校以降の生活や学習の基盤の育成につながることに配慮し，幼児期にふさわしい生活を通じて，創造的な思考や主体的な生活態度などの基礎を培うようにすること。

イ　保育所保育において育まれた資質・能力を踏まえ，小学校教育が円滑に行われるよう，小学校教師との意見交換や合同の研究の機会などを設け，第1章の4の⑵に示す「幼児期の終わりまでに育ってほしい姿」を共有するなど連携を図り，保育所保育と小学校教育との円滑な接続を図るよう努めること。

ウ　子どもに関する情報共有に関して，保育所に入所している子どもの就学に際し，市町村の支援の下に，子どもの育ちを支えるための資料が保育所から小学校へ送付されるようにすること。

⑶家庭及び地域社会との連携

　子どもの生活の連続性を踏まえ，家庭及び地域社会と連携して保育が展開されるよう配慮すること。その際，家庭や地域の機関及び団体の協力を得て，地域の自然，高齢者や異年齢の子ども等を含む人材，行事，施設等の地域の資源を積極的に活用し，豊かな生活体験をはじめ保育内容の充実が図られるよう配慮すること。

4 健康・安全

指針「第3章　健康及び安全」では，冒頭に次のように示されている。

> **指針：第3章　健康及び安全**
> 　保育所保育において，子どもの健康及び安全の確保は，子どもの生命の保持と健やかな生活の基本であり，一人一人の子どもの健康の保持及び増進並びに安全の確保とともに，保育所全体における健康及び安全の確保に努めることが重要となる。また，子どもが，自らの体や健康に関心をもち，心身の機能を高めていくことが大切である。

　そのため，第1章総則および第2章保育の内容のうち，健康及び安全に関連する事項に留意しながら，次の事項をふまえて保育を行うこととされている。
　(1)子どもの健康支援，(2)食育の推進，(3)環境及び衛生管理並びに安全管理，(4)災害への備え，以上の4項目が示されている。このうち，食育の推進においては，保護者や地域の多様な関係者との連携や協働の下に進められることになっている。体調不良，アレルギー，子どもの障がい等の情報共有を含め，家庭との連携により子ども家庭支援が実施される。
　また，災害への備えにおいては，(1)施設・設備等の安全確保，(2)災害発生時の対応体制及び避難への備え，(3)地域の関係機関等との連携，以上の具体的な内容が定められており，昨今の頻発する災害対策への備えや地域との連携の大切さが示されている。非常時においては，保育所と家庭との迅速な連絡が不可欠である。普段から災害時における対応を共有しておくことも重要な子ども家庭支援である。

5 子育て支援

　指針には，保育士の重要な役割である子育て支援の内容が規定されている。保育所を利用している保護者に対する子育て支援は，保護者の状況に配慮した個別の支援を行うこととともに，子どもの障がいや発達上の課題，外国籍の家庭への支援など，今日的な子ども家庭支援の内容が示されている。

　また，地域の保護者等に対する子育て支援においては，地域に開かれた保育所であることや地域の関係機関との連携により，子育て支援が保育所の内側にとどまらないことを示すものであり，保育所を拠点としながら，地域に開かれた子ども家庭支援を実施することができる。

指針：第4章　子育て支援

2　保育所を利用している保護者に対する子育て支援

(1)保護者との相互理解

ア　日常の保育に関連した様々な機会を活用し子どもの日々の様子の伝達や収集，保育所保育の意図の説明などを通じて，保護者との相互理解を図るよう努めること。

イ　保育の活動に対する保護者の積極的な参加は，保護者の子育てを自ら実践する力の向上に寄与することから，これを促すこと。

3　地域の保護者等に対する子育て支援

(1)　地域に開かれた子育て支援

ア　保育所は，児童福祉法第48条の4の規定に基づき，その行う保育に支障がない限りにおいて，地域の実情や当該保育所の体制等を踏まえ，地域の保護者等に対して，保育所保育の専門性を生かした子育て支援を積極的に行うよう努めること。

●引用・参考文献

1）厚生労働省：「令和4年（2022）人口動態統計月報年計（概数）の概況」，2023

第2章

子ども家庭支援の視点

1——子どもを含めた「家庭」を支援するということ

1 現代家庭の状況

　世界的な経済の低成長時代，家庭成立要件の脆弱化した現代において家庭を取り巻く社会環境は近年大きく変化し，都市化，核家族化の中で社会的支援が重要な課題になっている。少子高齢化の進行で高齢者介護の担い手の問題，子育て支援，虐待の問題など，家庭は新しい枠組みによる適応が求められている。

　わが国の合計特殊出生率は第2次ベビーブーム以降ゆるやかな減少を続けており，近年はやや微増傾向がみられる年もあるものの，出生数は過去最低を更新し続けており，人口構造の危機が指摘されている。

　そのような社会状況の中で，子どもを安心して生み育てるために家族に対する支援の重要さが増し，その基本姿勢として家庭を基盤とした援助の技能や知識が求められている。

　子育てに関する基本姿勢としては保護者だけの責任ではなく，外部からの適切な支援が必要であり，そして家庭そのものが子育て支援の対象であることや，その支援方法・技術や課題，それらを担うべき諸機能の限界などに関しての理解を深めることから始めなければならないであろう。

　また，家庭について社会的状況からの視点も求められる。高度成長を続けた日本には，明るい未来や希望があり感情的な安心や安全が家や社会にもあった。しかしその代償として，労働者に要求される高い移動性がある。産業が都

市部に集まるのに伴い，労働者も都市部のまわりに集中的に移住したことにより，地域の枠組みは大きく変わった。また，移住した労働人口の多くは都市部のまわりで核家族化し，都市の周辺地域から中心部に通勤するため，主に父親が普段から居住地域を離れることになるのである。こうした状況から，家族関係や家庭の養育機能が損なわれ，3世代家族や地域住民同士などで暮らしを支えあう従来の家庭・地域の仕組みは弱まっていった。

　そして現在，日本は経済成長の停滞に直面し，払った代償，つまり弱まった家庭機能や地域互助のあり様が浮き彫りになってきている。例えば家族の誰かに疾病や障がいなどが生じた場合，あるいは児童虐待などに象徴される子育て機能の麻痺など，ともすると家庭は危機的状態に陥ってしまう。そのため，従来のような地域住民による互助的機能を再度見直す一方で，それを補完する新たな支援の枠組みが早急に求められるのである。

2　子育て支援をめぐる動き

　図2－1で示すように，行政が実施した子育て支援施策には，児童福祉，教育，労働，住宅，保健医療といった多様な分野の総合的な施策として構想されている。

　急速な少子化の進行は労働力人口の減少，経済成長への影響，子ども同士の交流機会の減少など，社会経済全体に影響を与えるものであることから，国は総合的な取組みを推進するため，2003（平成15）年に「次世代育成支援対策推進法」という，次代の社会を担う子どもが健やかに生まれ，育成される社会の形成に資することを目的とした法律が制定された。同法は，日本の経済社会に深刻な影響を与える急速な少子化の進行等をふまえ，国および地方公共団体が講ずる施

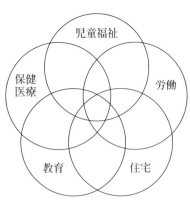

図2－1　子育て支援施策の分野

策，事業主が行う雇用環境の整備その他の取組みなど，次世代育成支援対策を推進するために必要な事項を定めている。

　次世代育成に関しても，子どもの問題には周知のとおり国も深い関心を示しており，いくつかの重点政策が打ち出されている。1994（平成6）年12月に文部，厚生，労働，建設各省は，少子化の進行や女性の社会進出などの社会的情勢に対応するための施策として「今後の子育て支援のための施策の基本的方向について（エンゼルプラン）」を策定した。これは10年間を目途としたものであるが，それを待たずして1999（平成11）年12月には，重点的に推進すべき少子化対策の具体的実施計画を定めた新エンゼルプランが策定され，2000（平成12）年度より実施された。それでもなお歯止めがかからない少子化に対応していくため，2004（平成16）年6月に「少子化社会対策大綱」が策定された。この大綱に基づき，同年12月「少子化社会対策大綱に基づく重点施策の具体的実施計画について（子ども・子育て応援プラン）」が策定され，つどいの広場，地域子育て支援センター，延長保育，休日保育，夜間保育，放課後児童クラブ，病後児保育の目標数値が示されるなど，目標とすべき社会の姿に向けての取組みが行われた。

　そして，2015（平成27）年度からは，幼児期の学校教育・保育，地域の子ども・子育て支援を総合的に推進するため，子ども・子育て関連3法に基づく「子ども・子育て支援新制度」が実施された。

３ 子育て課題の背後にあるもの

　子育てにおける家庭を取り巻く環境は現在，受難の時代である。現代の子育て環境の難しさはどこにあるのか。

　図2－2でわかるように，現代の親と家庭を取り巻く状況は複雑化し，混乱は一層激しくなると考えられる。また，現代社会では，女性が一人の人間として社会に出て活躍していける時代になり，図2－3でわかるように自己実現を目指して主体的に生きていく姿勢と，子育てという一見自己犠牲を強いられるかに見える営みとの間に生じる落差の大きさがまずベースにあって，そこから

①孤立化する子育て
・少子化
・地域社会の子育て機能の低下
・社会環境への不安や危険
・夫の子育てへの無責任
・公園デビュー

②社会との接点から閉ざされた環境
・母性神話（女は家庭の論理）
・価値の多様化
・女性の自立・男女共同参画社会
・パラサイトシングル

③親世代の生育歴
・コミュニケーションの希薄化
・実体験不足
・学歴社会・マニュアル主義
・同質化した文化－評価を気にする
・モラトリアム世代

④情報過多・物が豊かで不安な社会
・子育て情報の氾濫
・物があふれ，心が伝わりにくい
・先行きの見えない不安
・幼児教育産業の隆盛
・学校への不安（いじめ・情報競争）

図2－2　現代の親と家庭を取り巻く状況

（出典　森上史朗ほか：幼児理解と保育援助，ミネルヴァ書房，2003，p.149を改変）

生じる各々の心の葛藤（揺れ，とまどい，いらだちなど）と，今日の若年層を特徴づける「現実体験の希薄さ」「知的・マニュアル志向への偏り」「社会的・情緒的未成熟さ」といった要素が重なり合って今日の「母親群」をつくり出しているのである。このように今日の親たちが子育てにとまどい，悩んでいる姿がより鮮明に浮かびあがってくるのではないだろうか。

2──施策から実践への枠組み

1 児童の権利に関する条約

　家族の日常生活の援助に入る前に，まず「児童の権利に関する条約（子どもの権利条約）」（1989年，国連採択）を把握しておこう。子どもを権利の行使主体として位置づけることで，大人同様に子どもを権利主体として認め，子どもが権利の主体であるためには自分にかかわる権利について意見を述べる権利が認められると謳われ，年齢に応じて正当に尊重されることを求めている。

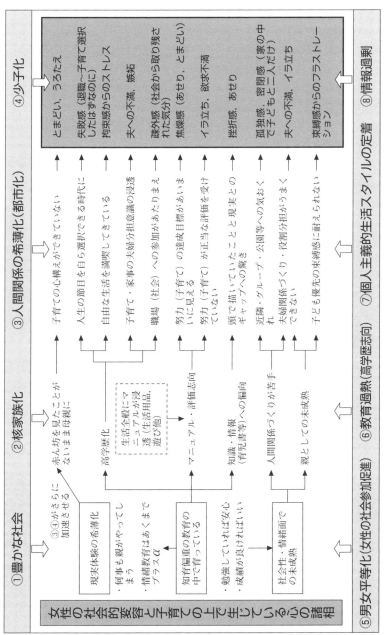

図2—3　女性の社会的変容と子育ての上で生じている心の諸相

（出典　飯田進ほか：子育て支援は親支援，大揚社，2000，p.157）

「児童の権利に関する条約」が求める援助原則は次のように示されている。

> ・援助には子どもの最善の利益が第一義的に考慮されなければならない（第3条
> 　1）
> ・ついで親の養育・指導責任，権利・義務が尊重されねばならない（第3条2）
> ・子どもが家庭環境で，父母によって養育される権利を持つことを保障し，父母
> 　の養育を援助することを第一原則とする（前文，第7条1，第18条2）

　このように「児童の権利に関する条約」は，子どもの家庭での維持と保護者
の養育への援助を第一義的に重視しているし，また子どもが家庭環境で育つこ
と，実親によって養育されることの特別な利益，意義を強調している。

2 子どもを理解する視点

　「児童の権利に関する条約」では子どもを生まれたときから自分自身の意志
をもち，感性を大人と同等にもつ人間として捉えて，年齢に応じ正当に尊重さ
れることを求めている。したがって子どもを理解するためには，複数の視点か
ら構成的に理解する必要があると考えられる。

　図2―4で示すように，子どもそのものの発達や感情，それに性格を理解す
ること，また子どもをその社会環境や生
活環境と照らし合わせて理解していき，
さらには子どもと保護者や仲間などとの
人間関係に着目して理解することなどが
必要である。子どもの発達や感情，性格
などを理解するためには一般的な子ども
の発達に関する知識が必要であり，その
知識を指標として個々の子どもの特性の
理解を図る必要がある。

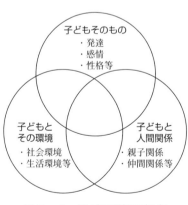

図2―4　子ども理解の視点

（出典　白川蓉子ほか：育ちあう乳幼児教育
保育，有斐閣，2004，p.207）

3 親族的社会的支援

　子どもを支援する役割として，家庭は中心的位置を占めている。しかし，現代の家庭は家族だけでその教育機能を十分に発揮することができない状況におかれているといわれている。子どもを育てる社会的支援が重要な課題で，特に出生率の低下による少子化は，社会的課題であり，国も放置できない状況になっている。このような社会情勢の中でスウェーデンの社会心理学者デンシックは，家族と社会との協力によって，子どもを育てる関係を示す社会化のバタフライ・モデルを示している。

　図2─5でわかるように，家庭での父母による養育のほか，保育施設では施設のスタッフだけでなく，一緒にいる子どもたちとの交流も社会化に大きな影響をもたらすことを示している。このモデルを修正して，保育施設だけでなく地域社会や親族も子どもの養育に重要な働きをしていることを示すことができる。ここで社会機関としてあるのは，保育施設のほか，幼稚園や学校といった子どもの教育機関も含まれている。

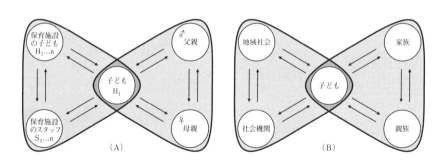

図2─5　社会化のバタフライ・モデル

（出典　総務庁：平成5年度青少年健全育成中央フォーラム，1994，p.36）

4 家庭と社会化

　人間の子どもは，生まれながらにして人間であるのではない。人間として育てられてはじめて人間となる。人間の子どもが生きていくためには，成人の保護と支援が欠くことのできない条件である。このような無力な人間の乳幼児に対する保護と支援の責任を明らかにし，子どもが安心して成長できる環境を保障するのが家庭にほかならない。

　図2―6の定位家族とは，子どもを社会に送り出す側面に注目した家族概念で，生殖家族とは選択（配偶者や子ども数の）によって構成した家族をいう。

　エージェントは，代理という意味であり，社会化のエージェントは個人が所属するさまざまな集団，すなわち，家族，近隣，遊び仲間，学校，職場などにおける人間関係を通じて，社会の成員として生きるための知識や技術，規範などの社会的価値を自己の内部に取り入れていく過程である。その意味では，社会化の過程は人間の一生を通じて展開されるといってもよい。その中で，人間が最初に所属する集団である家族における社会化は，最も基礎的なものであり，人間形成上，重要な意味をもっている。

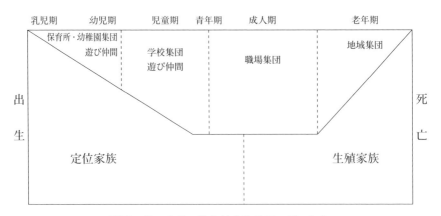

図2―6　人の一生と社会化のエージェント

（出典　望月嵩ほか：現代家族の危機，有斐閣，1980，p.192）

3——家族関係と子ども家庭支援の方法

1 子育て家庭を支援する基本的視点

　子育てを支える行為は日常的な保護者とのかかわりが基本である。保護者とのかかわりや相談を行う上での姿勢として，以下のような視点があげられる。

　子育て支援とは，安心して子どもを生み育てられる環境を整えていくことを基本的視点とする。

　育てられる環境を整えていくことは，健やかに生きる環境づくりを支援するということであり，子育て支援は子どもを育てる家庭をも視野に入れ，支援をさらに進展させ環境を整えるということになる。環境とは，子育てを支える人的環境としての保育者や教育者，地域住民，社会的環境としてのさまざまな資源や機関などがそれにあたる。

　現代は多様な価値観や家族の変化が一層進む時代であり，こうした総合的なサポートが保護者を支え，それが結局は「子ども」の利益につながる。また，保護者が支えられながら子育てをしていく中で親として成長していく。

　親が子どもを育てるのは当たり前というのではなく，家庭を主体としながらも，それぞれの家庭のニーズに応じた多様な支援対策を提供するため，種々の援助活動および関係機関との連携の中で，さまざまな資源や機関や地域の視点から子育て家庭の問題解決に向けて援助していくことが求められている。

2 親子を支えともに育つ，地域子育て支援センター（地域子育て支援拠点事業）

　家庭支援は，人が生活する上で最も基本となる集団である「家族」を支える方法であるが，現代の家族を取り巻く環境は，都市化や過疎化と少子高齢化などによる地域関係の希薄化など，地域での支えあいが衰退している。

　そのような現代社会で，幼い子どもをもつ母親は地域の中で孤立しやすく，

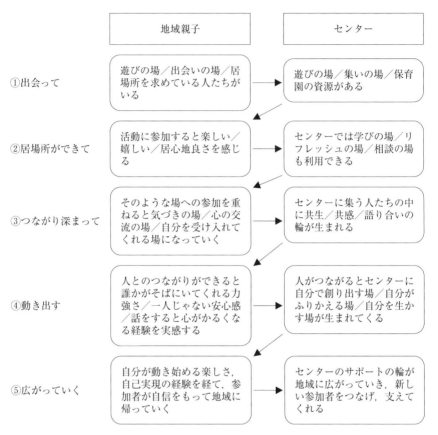

図2—7　地域子育て支援センターと利用者の共育ちの流れ

(出典　森上史朗ほか：幼児理解と保育援助, ミネルヴァ書房, 2003, p.166)

密室による子育てが行われるというケースも少なくなく, 過剰に母子が密着化して母親のイライラが高まり虐待へと発展することもある。そのため地域子育て支援センター（子育て親子の交流の場の提供や子育て等に関する相談・援助, 講習会の実施, 子育て情報の提供等, 子育てに関する支援を行う）は虐待の予防的効果があるといわれ, 子育て上のちょっとした悩みやイライラは, 同じくらいの年齢の子どもを持つ親同士で一緒に笑っておしゃべりをすることや, ほっとする場があることで解消してしまうことも少なくない。

　地域子育て支援センターに参加し，さまざまな出会いやつながりが生まれることによって，親子同士がともに育つ場となり，これからますますこのような場が求められている（図2─7）。

3 子ども虐待への対応（チャイルド・マルトリートメント）

　子どもの心身の発達にマイナスの影響を与えると思われる「不適切なかかわり」をチャイルド・マルトリートメントという。「マルトリートメント」とは，大人の子どもに対する不適切なかかわりを意味しており，「虐待」より広い概念である。18歳未満の子どもに対する大人，あるいは行為の適否に関する判断の可能な年齢の子ども（おおよそ15歳以上）による身体的暴力，不当な扱い，明らかに不適切な養育，事故防止への配慮の欠如，言葉による脅かし，性的行為の強要などによって明らかに危険が予測されたり，子どもが苦痛を受けたり，明らかな心身の問題が生じているような状態を指す。

　図2─8に示すレッドゾーンは子どもの命や安全を確保するために，児童相談所が強制的に介入し，子どもを保護するレベルである。イエローゾーンは問題を重度化，深刻化させないために，児童福祉司（ソーシャルワーカー），心理職，保健師，医師，看護師，保育士，幼稚園・学校の教員，児童委員などが，セーフティ・ネットワーク（安全網）を形成し，子どもを見守りつつ，保護者への支援を行うレベルである。グレーゾーンは「児童の権利に関する条約」や子どもへの不適切なかかわりについて，大人に啓発・教育することで，マルトリートメントを予防していくレベルであり，児童福祉施設，幼稚園，学校，保健所，産婦人科・小児科病院などによる，マルトリートメントを防ぐための啓発・教育プログラムの整備・発展がこれからの課題である。子どもにとって家庭が安全・安心の場になるように他機関とも連絡を取り合って，家庭に対する支援や援助によって虐待のリスクを軽減しなければならない。

　虐待の範疇だけにとらわれず，子どもの不利益を未然に防いでいくために，こうした視点をもってかかわっていきたい。

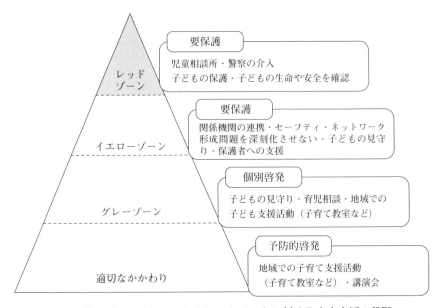

図2―8　チャイルド・マルトリートメントに対する家庭支援の段階

（出典　大阪保育子育て人権情報研究センター，2002）

4　子ども家庭支援の方法（エコマップ）

　保育関係者の間ではあまり用いられてないが，何が原因で何が結果であるのかの判断を人の関係をふまえて把握する方法の1つに，生態学的なアプローチのツールとして，ハルトマン（Hartman, A.）の考案したエコマップがある。エコマップの作成は支援者と利用者が話し合いながら共同で行うことが重要で，次のような利点がある。

① 面接の道具としての有効性（そのつど説明や合意を得ることが可能）

② 援助開始から終結に至る継続的作成により生じる関係性の変化を確認

③ 援助活動の記録として活用できる

④ 関係協力機関との合同会議，事例検討会にも活用できる

　図2―9でわかるようにエコマップによって，家族間の対人関係や家庭と社会との関係を視覚的に捉えることができる。エコマップは，家族関係や社会関

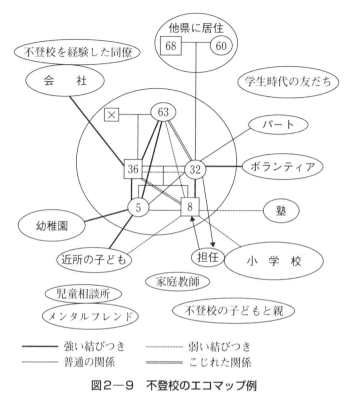

図2—9　不登校のエコマップ例

（出典　網野武博編著：家族援助論，建帛社，2002，p.109）

係における現状を捉えること，そこでの問題点を把握すること，家庭に欠けている社会資源を見出していくことなどに適しているツールである（エコマップの見方は，p.120を参照のこと）。

5　子ども家庭支援へのネットワーク

　子育て支援は保育所だけでなく，その他の児童福祉施設に入所している子どもの保護者についても同様に必要とされることを理解し，保健・医療・福祉・教育・地域社会の連携つまり相互のネットワークが重要である。

　図2—10は，北九州方式による子育て支援のネットワーク（保健・医療・

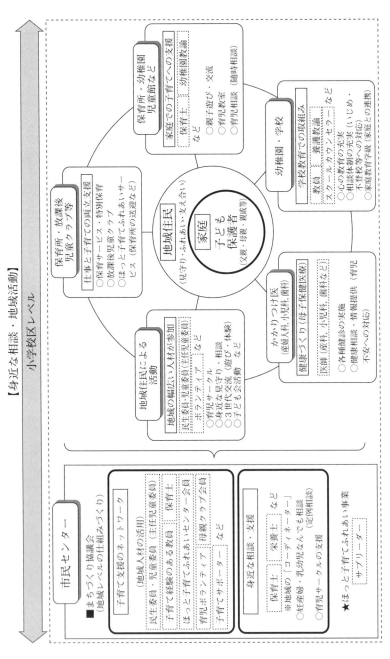

図2-10 北九州方式による子育て支援のネットワーク

(出典 新新子どもプラン, 北九州市, 2005, p.39)

福祉・教育・地域社会の連携）である。子育てしやすい社会のあり方を考え，実践していくことが重要である。そこで，保健・医療・福祉・教育をはじめとする各関係機関や企業などが連携しながら，さまざまな課題に対応した子育て支援サービスの提供や地域住民による活動への支援を総合的に行い，地域社会全体で子育てを支援する仕組みづくりを進めていく必要がある。

　基本施策として，小学校区レベルの地域活動を支援するため，区役所のコミュニティ支援機能の充実や，子育て支援において保健・医療・福祉・教育や地域住民が一体となった地域のネットワークづくり，つまりフォーマルなネットワークとインフォーマルなネットワークを進めていく必要がある。

　最後に，子ども家庭支援において重要な視点は，行政と地域住民とさらに企業などが連携しながら，市民一人ひとりが子どもを生み，そして育てることへの喜びが実感できるような地域づくりをどのように進めていくかにかかっていることを伝えておきたい。

●参考文献
・北野幸子ほか：子育て支援のすすめ，ミネルヴァ書房，2006
・森岡清美ほか：新しい家族社会学，培風館，1999
・北九州市保健福祉局生活福祉部児童家庭課：北九州市次世代育成行動計画（新新子どもプラン），北九州市，2005
・子どもの権利条約フォーラム実行委員会編：検証・子どもの権利条約，日本評論社，1997

第3章 保育者による子ども家庭支援の意義と基本

1 —— 保育の専門性を生かした子育て家庭への支援とその意義

1 保育者による子育て家庭への役割

　保育士は，改正児童福祉法が 2003（平成 15）年に施行されたことによって「国家資格」となった。名称が「保母」から，男女関係なく「保育士」に統一されたのはこの時である。幼稚教諭と保育士は混同されやすいが，幼稚園の先生は「幼稚園教諭（一種・二種・専修）」の資格を取得している者のことで，管轄は文部科学省となり，保育士の管轄は内閣府の外局であるこども家庭庁となる（p.1 参照）。近年では，保育士と幼稚園教諭免許状のどちらも必要とする認定こども園（管轄はこども家庭庁）の数も増えおり，幼稚園教諭においても子育て支援の役割が求められている。

　特に保育士は，児童の保育だけでなく，保護者に対する支援も行うことが，法的にも定められている。本章では，主に保育士による子育て家庭への支援と意義をみていきたい。

児童福祉法

第18条の4　この法律で，保育士とは，第18条の18第 1 項の登録を受け，保育士の名称を用いて，専門的知識及び技術をもって，児童の保育及び児童の保護者に対する保育に関する指導を行うことを業とする者をいう。

---

2 保育者による子育て支援の意義

　保育士は，保育所保育指針（以下「指針」）に基づき，子どもの健康および安全を確保しつつ，保育を実施することが求められる。ここでは，指針から，保育士による子育て支援の意義についてみていきたい。2017（平成29）年改定の指針においては，これまでの「保護者に対する支援」から，第4章「子育て支援」に名称が改められた。第4章「子育て支援」には，「全ての子どもの健やかな育ちを実現すること」と明記されている。これが保育士による子育て支援の根拠になる。この「全ての子どもの健やかな育ちを実現すること」という目標を達成するために，次の2点に留意したい。

　1つ目として，保育士は保護者と一緒に子どもを育てるという意識をもつことである。指針第1章「保育所保育に関する基本原則」には，家庭との緊密な連携の下に保育を行うことの重要性が記されている。すべての子どもの健やかな育ちの実現には，家庭との連携が不可欠である（指針下線①）。保育士と保護者は，手を取り合って，子どもを深く愛し，守り，支えることが大切である。

保育所保育指針

第1章　1保育所保育に関する基本原則　(1)保育所の役割

イ　保育所は，その目的を達成するために，保育に関する専門性を有する職員が，①家庭との緊密な連携の下に，子どもの状況や発達過程を踏まえ，保育所における環境を通して，養護及び教育を一体的に行うことを特性としている。

ウ　保育所は，入所する子どもを保育するとともに，家庭や地域の様々な社会資源と連携を図りながら，入所する子どもの保護者に対する支援及び地域の子育て家庭に対する支援等を行う役割を担うものである。

第4章　子育て支援

　保育所における保護者に対する子育て支援は，全ての子どもの健やかな育ちを実現することができるよう，第1章及び第2章等の関連する事項を踏まえ，子どもの育ちを家庭と連携して支援していくとともに，②保護者及び地域が有する子育てを自ら実践する力の向上に資するよう，次の事項に留意するものとする。（下線およびその番号は筆者）

　2つ目は，保護者が子育てする力を引き出すことである。少子化や核家族化が進む中で，子どもにかかわったり世話をしたりする経験が乏しいまま親になる者も少なくない。指針第4章では，保護者および地域が有する「子育てを自ら実践する力の向上」が求められている（指針下線②）。保育士が保護者に対してアドバイスをしたり，時には見守ったり，励ましたりする姿勢が必要となる。

　なお，幼稚園教育要領にも幼稚園による子育て支援の役割が明記されており，幼稚園教諭にも保護者と連携して子育て支援を行う力が求められる。

　子どもの成長とともに，親子はさまざまな経験をし，互いに愛着を深めて成長していく。子どもだけでなく，保護者もともに成長していく存在なのである。保護者自身が子育てに喜びを感じ，子どもとのよりよい関係を築くことができるよう，身近な存在として子育てを支えるのが保育者の役割である。

3　子育て家庭への支援の難しさ

　核家族化の進行や地域のつながりの希薄化等により，孤独の中で子育てに不安を抱えている家庭が増えている。「スマホ育児[1],[2]」「ワンオペ育児[3]」などの言葉が，新聞記事にも取り上げられており，現代の子育て家庭の様子を象徴している。また，病児保育，夕食の提供や，親子で朝食が取れる保育所が開園[4]するなど，保育施設における子育て支援機能の拡大は，社会的なニーズの表れである。現代において，安心して子どもを生み育てるためには，子育て家庭に身近に接することのできる保育者の役割がますます大きくなっていくだろう。

　保育者の役割の重要性と比例して，子育て家庭への支援の難しさも高まっている。2013（平成25）年の厚生労働省「保育を支える保育士の確保に向けた総合的取組」によると，保育士資格を持ちながら保育士としての就職を希望しない理由として，「保護者との関係が難しい」と回答した割合は，19.6%であった[5]。特に，子育て経験のない若い保育者や，経験の浅い新人保育者にとっては，多様な保護者への柔軟な対応がうまくできないのは当然である。支援の難しい家庭については，保育者自身も一人で抱え込むのではなく，保育所の職員全体で共通認識をもち，長い目をもって対応することが大切である。

④ 保育の専門性を生かした支援

1）養護と教育の一体性を生かした支援

　「養護と教育の一体性」は，乳幼児期の子どもを支えていく上で重要な視点である。指針において，保育所は，保育に関する専門性を有する職員が，家庭との緊密な連携の下に，子どもの状況や発達過程をふまえ，保育所における環境を通して養護及び教育を一体的に行うことが明記されている（指針第1章1⑴イ）。また，「保育所保育指針解説」では，「養護とは，子どもたちの生命を保持し，その情緒の安定を図るための保育士等による細やかな配慮の下での援助や関わりを総称するものである」とされている。

　保育の内容が豊かに繰り広げられていくためには，養護と教育が一体的に展開されることが望まれる。図3—1は，はみがき指導の様子を，写真とともに

はみがきしどうがありました！！

　園長さんである，○○歯科の○○先生と歯科助手の○○さんが，5歳児クラスに歯磨き指導に来てくださいました。

　「むしばミュータンス」の紙芝居を読んでもらったり，実際に歯の正しい磨き方を教えても

らったりしました。

　歯の染め出しをした反応は，「キャー真っ赤！」「朝きちんと磨いたのに〜」「私はきれいだったあ〜」とそれぞれで面白かったです。

　歯が抜け始めた子どもたちも増えてきました。家庭でも，今日の歯磨き指導の様子をぜひ聞いてみてください。また，夜寝る前は丁寧に磨けるように，鏡を片手に保護者の方も一緒にやってみてくださいね。
＊歯ブラシ，コップ，タオル持参のご協力ありがとうございました。

図3—1　園での様子を伝える工夫

伝える内容の壁新聞である。保育者は，保育内容を保護者に伝えるだけでなく，乳幼児期にふさわしい経験が積み重ねていけるよう，保護者に実践を示し，子どもの育ちを支えている。このように，子どもの最善の利益の向上を考慮する上で，養護と教育は常に一体であり，また豊かな保育実践には家庭との連携が必要不可欠となる。

2）保育者による地域の子育て支援

　保育所や幼稚園等における子育て支援の特徴の1つとして，地域に根差した施設ということがあげられる。地域への子育て支援の例としては，子育て相談，園庭・園舎の開放，一時預かり保育等，支援の輪は多岐に広がっている。

　図3—2は，ある保育所における地域子育て支援拠点事業の一場面である。地域子育て支援拠点事業とは，家庭や地域における子育て機能の低下や，子育て家庭の親の孤独感や負担感の増大等に対応するため，親子の交流促進や育児相談等を行う事業である（第5章，第7章参照）。子どもが保育者と一緒に手遊びを楽しんだり，友だちと遊んだりという遊びの機会を保障するだけでなく，保護者同士のつながりをつくるきっかけともなる。

　また，保育施設以外の場においても，子育て支援のニーズの高まりにより，保育士の活躍の場は増えつつある。表3—1は，地域における子育て支援事業のうち，保育士の配置が見込まれる事業の一覧である。すべての子育て家庭への支援の必要性から，特に保育士は多くの役割を期待されている。どの家庭の子育てにも寄り添い，子どもの健やかな育ちをサポートすることは，確かな知識と技術を兼ね備えた高い専門性が必要となる。保育士資格は，未来を支える子どもたちを育てる上で，重要な役割を担う国家資格なのである。

図3—2　1歳児親子クラブの様子

表3—1　保育士の活躍が見込まれる地域の子育て支援事業

事業名	概　要
養育支援訪問事業	乳児家庭全戸訪問事業などにより把握した，保護者の養育を支援することが特に必要と判断される家庭に対して，保健師・助産師・保育士等が居宅を訪問し，養育に関する相談支援や育児・家事援助などを行う事業
子育て短期支援事業	母子家庭等が安心して子育てしながら働くことができる環境を整備するため，一定の事由により児童の養育が一時的に困難となった場合に，児童を児童養護施設等で預かる短期入所生活援助（ショートステイ）事業，夜間養護等（トワイライトステイ）事業
一時預かり事業	家庭において一時的に保育を受けることが困難になった乳幼児について，保育所，幼稚園その他の場所で一時的に預かり，必要な保護を行う事業
延長保育児業	保育認定を受けた子どもについて，通常の利用日および利用時間以外の日及び時間において，保育所等で引き続き保育を実施する事業
病児保育児業	病気の児童について，病院・保育所等に付設された専用スペース等において，看護師等が一時的に保育等を行う事業

（資料　内閣府：地域子ども・子育て支援事業について，2015）

2——保育者に求められる基本的態度

　保育者に求められる基本的態度に関連して，本書第9章・第10章においてソーシャルワークやカウンセリングの具体的な手法について詳述する。ここでは，保育者としての日常的なかかわりにおいて求められる態度について述べる。

1 子どもの育ちと喜びの共有

1）量より質が問われる子育て支援

　2022（令和4）年現在，共働き世帯は1,262万世帯と年々増加し，夫の片働き世帯の約2.34倍に相当する[6]。共働き世帯の増加に伴い，保育所を利用する子どもの数は年々増えており，中でも1, 2歳児が保育所を利用する割合は，全体の57.8％にも及ぶ（図3—3）。このような，共働き世帯の増加，保育所を利用する子どもの低年齢化により，親子で過ごす時間が短くなっていることが考えられる。2017（平成29）年改定の指針には，「保護者が子どもの成長に

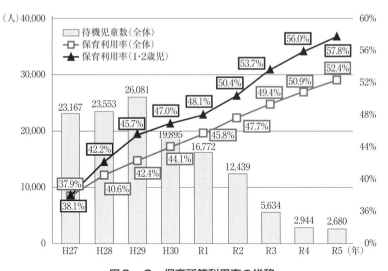

図3－3　保育所等利用率の推移

（出典　こども家庭庁：保育所等関連状況取りまとめ（令和5年4月1日），2023，p.3）

気付き子育ての喜びを感じられるように努める」ことが明記された。保護者が短い時間の中でも親子のかかわりを深め，子育てに喜びを感じられるような支援が求められる。

　では，具体的にどのような支援が求められるのだろうか。例をあげて説明したい。入園したばかりの子どもを送迎する父親の中に，「おむつの替え方がわからないので先生お願いします」と申し出る父親がいた。育児休業中に母親中心で育児をしていた場合，母親の職場復帰で初めて子どもとかかわりをもつ父親も少なくない。子どもに泣かれてしまいどのように接してよいかわからない父親に代わり，保育者がおむつ替えをすることは簡単である。しかし，この場面では父親におむつ替えの方法を教えて，そばで見守る姿勢が大切である。初めは慣れずに大変と感じるかもしれないが，苦労しながらも子どもとかかわる経験が子どもの成長への気づきとなり，子育ての喜びにつながっていくのである。

2）保護者が主役の子育て支援

　働く女性が増え，子育てをめぐる環境や意識には変化がみられる。図3―

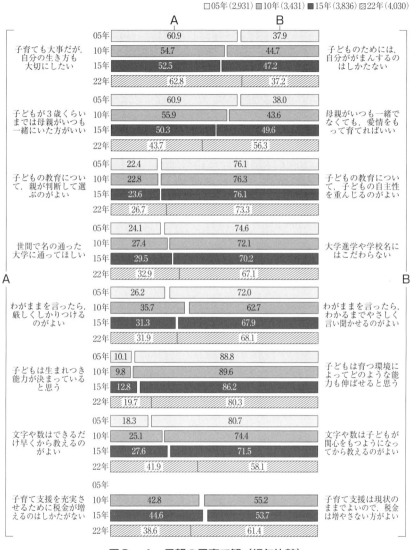

図3—4　母親の子育て観（経年比較）

（出典　ベネッセ総合研究所：第6回幼児生活アンケート，2023，p.36）

4は，母親の子育て観を2005〜2022年で比較したものである。変化がみられた項目としては，子育ても大事だが自分の生き方も大切にしたい，子どもとい

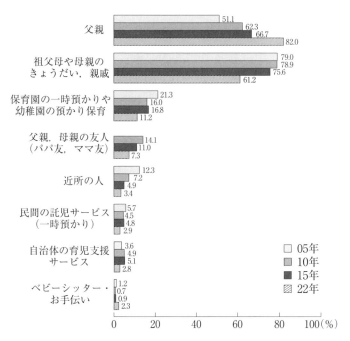

図3―5　母親の不在時子どもの面倒を見る人（複数回答・経年比較）

（出典　ベネッセ総合研究所：第6回幼児生活アンケート，2023，p.60）

つも一緒でなくても愛情をもって育てればよいと考える母親が増えた点である。

　また，図3―5は，母親が不在の時，子どもの面倒を見る人の2005～2022年の間での比較である。母親が不在の時，子どもの面倒を見る人として「父親」の割合が82.0％と最も高く，「祖父母や母親のきょうだい，親戚」が減少していることも特徴的である。コロナ禍により，親族にも会いにくい状況が影響を与えてか，父親以外に頼ることのできる人が減っており，核家族での子育てが進んでいる様子がうかがえる。そのため，保護者が保育所等を利用しながら，子育てをするというスタイルの育児が主流になりつつあるのである。

　このように，子育てに対する環境や意識が変化したとしても，子育ての主役はあくまでも保護者であることには変わりない。ここで，0歳児クラスの担任をしていた新人保育者を例にあげて保護者支援のポイントを説明したい。新人

　保育者S先生は，自分のクラスのA君が初めて歩いたことに感動して，その様子を先輩保育者M先生に話したことがあった。この場面で先輩保育者M先生は，A君が初めて歩く姿は保護者の前で見せてあげたいから，お迎えの時に保育所で歩いたことを伝えないようにしてあげてとアドバイスをしたのである。

　初めて寝返りをした，はいはいをした，歩いた，離乳食を食べた，歯が抜けたなどの子どもの成長は，保護者にとって大きな喜びとなる機会である。そのため，保育者は保護者の養育する姿勢や力が発揮されるようなかかわりを念頭に置かなければならない。保護者が主体の子育てとは何かを考え，保護者の子育ての機会を奪わないようなかかわりを心がけたい。保育者は常に，保護者のサポート役なのである。

3）子どもの姿を保護者と共有すること

　子どもの最善の利益を考慮するためには，家庭と園が相互に子どもの様子を丁寧に伝え合い，生活の連続性を確保することが大切である。その手段としては，連絡帳，保護者へのお便り，送迎時の会話，面談，保護者会などがある。

　図3—6は，1歳児クラスの男児のある日の連絡帳である。家庭におけるトイレトレーニングの様子を受けた保育者は，保育所においても共同で進めていく旨を保護者に伝えている。さらに，体調の変化は，小さ

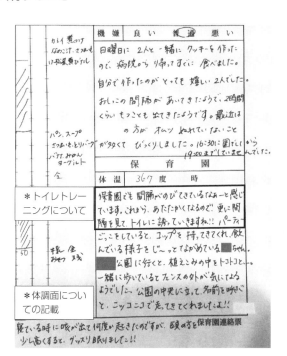

図3—6　連絡帳における保護者とのやり取り（1歳児）

な子どもにとって非常に重要である。保育者は，咳が出ているというお昼寝時の子どもの様子を伝え，上半身を高くして寝ることでよく眠れたという具体的な方法を示していることがわかる。

　このように保育者は，日々の子どもの様子の伝達を，その保護者に合った方法で行うことが求められる。また，その場合保育者は，保護者が子育てに対する自信や意欲をもつことができるような，肯定的な声がけを意識し，伝達内容や実施方法を工夫することが望まれる。

2 保育者に求められる基本的事項

　ここでは，ある事例をもとに，保育者に求められる基本的な態度について考えてみたい。

> 　0歳児で入所したばかりのT君の母親は，約束したお迎えの時間を過ぎても連絡がつかないということがあった。T君の父は単身赴任をしており，身近に親族がおらず他に連絡を取るということもできないという状況であった。T君の母親と連絡がつき，お迎えに来たのは保育園の閉園時間を過ぎた後であった。T君の母親は仕事が忙しかったということを理由に，その後も何度かお迎えが遅れるということが続いた。
> 　そこで担任保育者は，園長やクラスの他の職員とも相談し，面談することを母親に提案した。T君の母親は面談を受け入れ，担任保育者と副園長も同席してT君のいない場所で話し合いの機会がもたれた。母親は，一人での育児の負担を抱えており，食事も十分に作れていないことを話してくれた。また，仕事の面でもうまくいっておらず，母親は精神的に不安定なようであった。保育者は，母親の気持ちを受け入れ，ファミリー・サポート・センターなどで地域の人が低価格で子どもを見てくれるサービスがあることを伝えた。毎日迎えの時間を気にして仕事をするよりも，週に何度かファミリー・サポートを利用して，仕事と子育ての両立できる方法を考えてみてはどうかとアドバイスをしたのである。

　この事例の保育者は，今の親子には，保護者のありのままの思いを受け止め，受容的にかかわることが必要であると判断し，面談の機会を用意しゆっく

りと保護者と向き合っていることがわかる。近年では，核家族，ひとり親世帯の増加等，個々の家庭状況は非常に複雑になってきている。各家庭に合った支援，情報の提供により保護者が自身で選択し，決定できるような支援が求められる。

　一方で，問題状況や保護者の養育態度が改善されない場合には，日常的な虐待のおそれを含めて，保育者が注意深く見守り，時には市町村または児童相談所と連携することが必要である。

　また，保護者との良好な関係を築くためには，保護者との接触を十分に行うことだけでなく，プライバシーの保護や秘密保持が基本姿勢となる。これは，児童福祉法第18条の22において「保育士は，正当な理由がなく，その業務に関して知り得た人の秘密を漏らしてはならない。保育士でなくなった後においても，同様とする」とされている。近年では，SNS等ソーシャルメディアの普及により，簡単に個人情報が流出することもある。また，データの流出だけでなく，発言についても十分な注意を払い，取り扱うようにしなければならない。

3　家庭の状況に応じた支援

1）特別な配慮を必要とする家庭への支援

　第8章で詳述するが，保育所に入所する特別な支援を必要とする子どもの数は年々増加の傾向にある[7]。障がいや発達上の課題がみられる子どもの保育にあたっては，家庭との連携を密にするとともに，個別の支援計画を作成し，関係機関と共同しながら支援することが重要である。就学に際しては，子どもが迎える大きな節目であることから，保護者の意向を丁寧に受け止め，小学校や特別支援学校等の就学先と連携を図りながら進めていくことが求められる。

　また，外国籍家庭，ひとり親家庭，貧困家庭等の特別な配慮を必要とする家庭への支援にも目を向けなければならない。このような，家庭においては，言葉によるコミュニケーションがとりにくい，文化や習慣が異なる，生活が困窮している等，それぞれの家庭が抱えている問題も複雑である。

　現在は，ICT（情報通信技術）の普及に伴い，保護者とのやり取りを専用の

アプリを使用して行う例も増えている（図3－7）[8]。保護者は，子どもの様子を文章だけでなく，写真や動画で見ることができたり，多言語機能等を利用したりといったやり取りが可能となる。これはほんの一例であるが，その家庭に合った方法で，個別の支援を行うことが大切となる。

図3－7　保育園専用のICTを利用した業務支援システム
（出典　コドモンwebサイト）

2）不適切な養育等が疑われる家庭への支援

　児童虐待相談対応件数は，年々増加の傾向にある（図3－8）。2000（平成12）年に児童虐待の防止等に関する法律が制定され，2018（平成30）年には厚生労働省によって児童虐待防止に向けた緊急総合対策が決定された。そこで

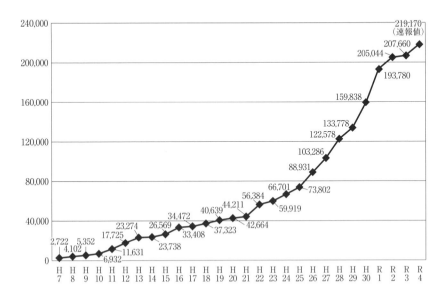

図3－8　児童相談所での児童虐待相談対応件数の推移

（出典　こども家庭庁：令和4年度児童相談所における児童虐待相談対応件数，2023）

は，①児童虐待の発生予防，②児童虐待発生時の迅速・的確な対応，③虐待を受けた子どもの自立支援の取組みを進める，とされている。

　これも第8章で詳述するが，不適切な養育等が疑われる保護者に対しては，保育者の専門性を生かした支援が不可欠である。特に，児童虐待の防止に向けた取組みとしては予防的な視点が重要となり，保育所等においては日々身近で接することができるという点において，非常に重要な役割を担う。

　不適切な養育等の背景には保護者の子育てへの不安や苦悩があることが多い。一方的に非難したり，指導したりすることは反発を招き，関係が遮断されて子どもの心身の危険を大きくしてしまうこともある。子育ての辛さや頑張りを認め，共感的態度で接することが大切である。

●引用文献
1）毎日新聞 2017 年 10 月 17 日，「毎日スマホに接する乳幼児 2 割 4 年前より倍増」
2）毎日新聞 2017 年 5 月 17 日，「育児で利用 4 割　市健康づくり実態調査　しつけ方，遊びや知育「評価には継続調査が必要」／福岡」
3）朝日新聞 2016 年 12 月 3 日，「『ワンオペ育児』私のことだ　夫不在，助けなく破綻寸前」
4）毎日新聞 2016 年 9 月 3 日，「保育園都庁に開所　来月 1 日，0〜2 歳の 48 人／東京」
5）厚生労働省：保育を支える保育士の確保に向けた総合的取組，2013，p.17
6）厚生労働省：令和 5 年版厚生労働白書，2023，p.149
7）厚生労働省：障害児支援について，2015，p.12
8）株式会社コドモン Web サイト（https://www.codomon.com/），2019 年 1 月 13 日アクセス

第4章 子ども家庭支援のための法制度と社会資源

1——法制度・社会資源（関係機関）を学ぶ意味

1 なぜ法制度や社会資源（関係機関）について学ぶのか

　皆さんがこれまで履修してきた科目でも，本章と同じ「法」や「社会資源（関係機関）」を学んできたのではないだろうか。本科目では，これまで学んだ法や社会資源（関係機関）の位置づけやはたらきをふまえた上で，家庭支援とどのようにかかわっているのかをより深く学んでいく。実際の支援は法に沿って行われている。保育所と連携する社会資源（関係機関）もまた法に沿って活動している。これらを深く学び，理解することによって，保育者はよりよい支援を行うことができる。

　また，本章では，関係機関を「社会資源」という大きなカテゴリーに含み込んで学ぶ。家庭を支えるシステムは，公的な機関だけではなくボランティアなど私的なシステムも含まれるからである。

2 法を活かす

　法とは，私たちにとってどのようなものなのだろうか。法に近いものとして「倫理」や「モラル」「常識」を思い浮かべる人もいるだろう。

　「法」と「倫理」「モラル」「常識」の違いは2つある。1つ目は，「罰則」の有無である。「法」は破ると罰則がある。「倫理」「モラル」「常識」は，破っても罰則はないが，信頼や信用を失ってしまう。「法」には罰則があるため，その過ちを認め，罪を償えば，やり直せる道がある。その意味では，罪を償っ

たという公の証がない「倫理」「モラル」「常識」を破った方が，信頼や信用を
回復するのに長い時間が必要なのかもしれない。

　2つ目は，「倫理」「モラル」「常識」は年代や地域によって異なることであ
る。「法」は規範である。規範とは行動や判断の基準という意味であるが，社
会における公の行動基準，判断基準が法である。この基準は国内全域，あるい
は定められた地域に，定められた手続きに則って適用されるものである。適用
するための定められた手続きもまた法である。法は社会の秩序を維持し，人々
の生活に混乱が生じないようにする規範であり，社会を円滑に運営するために
つくられた制度なのだ。法は社会生活の基盤であり，法を守り法を尊重するこ
とは社会の一員として重要なことなのである。

　保育士制度を例にとると，保育士資格は日本国憲法や児童福祉法にみられる
ように日本国民の子どもに対する思いや未来への希望，児童家庭福祉の理念を
具体化した1つの形である。保育士の養成や職務内容は児童福祉法などの法に
定められており，法に沿ってこの保育士制度が運用されている。保育教諭や幼
稚園教諭も同様である。普段の保育では特に法を意識することはないが，保育
士の業務も定められている。虐待への対応には法に沿った行動が必要である
し，保護者から相談を受けた際に活用する法もある。私たちは保育者として，
保育サービスを提供する立場として，子どもや家庭に関連する法や社会資源を
理解し，それを活かさなくてはならない。

2——法　制　度

1 法制度と子ども家庭支援

1）日本国憲法

　日本国憲法は全103条からなる法律であり，本文に先立って「前文」が記さ
れている。第二次世界大戦後の1946（昭和21）年11月3日に公布，1947（昭
和22）年5月3日に施行された。日本国憲法はわが国の法律の中で最も高い

位置にあり（第98条第1項），3つの基本原理から成り立っている。

　①　国民主権　　②　基本的人権の尊重　　③　平和主義

　前文はその法の理念や趣旨を記すものであるが，日本国憲法の前文には「われらとわれらの子孫」という文言がある。わが国そして世界の次代に対する思いが込められている。国民や児童に対する福祉は「基本的人権の尊重」を基本原理とし，第25条などで規定される生存権を具体化する形で行われている。

2）児童の権利に関する条約（子どもの権利条約）

　この条約は1989（平成元）年11月20日に国連総会で採択され，1990（平成2）年9月2日に発効した。日本が批准したのは1994（平成6）年5月22日である。従来の「保護の対象としての児童」から「権利主体としての児童」へ児童観が転換されたことに大きな特徴がある。また根本的に父母または保護者が児童の発達の第一義的な責任を負うことを明確に定めている。「条約」とは国同士や国と国際連合との間で結ばれる法である。条約は日本国憲法第98条第2項によって誠実に遵守すると規定されている。そのため，条約は日本国憲法の下に位置づけられるが，国内の他の法より上に位置する。

3）児童福祉法

　この法律は，児童の福祉に関する基本を定めたものである。日本国憲法第25条を具体化するために児童福祉の原理と，児童福祉の範囲を定めている。

　児童福祉法は成立以降，子どもを取り巻く環境に合わせて改正が重ねられている。しかし，第1条と第2条の理念規定は制定当時のままであった。2016（平成28）年の改正では，これが児童の権利に関する条約批准に伴う児童観の転換に沿った形に見直され，新たに「児童の年齢及び発達の程度に応じて，その意見が尊重され，その最善の利益が優先して考慮され」など，これまでになかった文言が加わり，第3条が追加された。第1条は児童がもつ権利を規定しているが，愛されることもすべての児童がもつ権利なのである（p.10参照）。

　また，子育てに困難を抱える世帯の増加から，子育て家庭への支援をより強化する必要が出てきた。このため，2022（令和4）年にも児童福祉法は一部が改正され，要保護児童等への支援を市町村の業務として実施することとなり，

市町村には児童福祉・母子保健を支援する「こども家庭センター」の設置が努力義務となった（2024（令和6）年4月1日施行）。また，子ども家庭福祉分野の認定資格「こども家庭ソーシャルワーカー」の創設なども盛り込まれた（2024年度から研修および試験開始予定）。さらに，新たな児童福祉施設として，「里親支援センター」が創設された（2024（令和6）年4月1日施行）。

　この法律で「児童」とは，18歳に満たない者である。

　なお，児童福祉法，母子及び父子並びに寡婦福祉法，母子保健法，児童手当法，児童扶養手当法，特別児童扶養手当等の支給に関する法律の6つの法は，児童福祉の基幹的な法で「児童福祉六法」と呼ばれており，図4—1に示すように他の児童福祉に関する法律や子どもに関する法律などと区別されている。

4）母子及び父子並びに寡婦福祉法

　この法律は，ひとり親家庭および寡婦の福祉に関する原理を明らかにし，ひとり親家庭および寡婦に対し，その生活の安定と向上のために必要な措置を講じ，ひとり親家庭および寡婦の福祉を図ることを目的としている。

　本法の基本理念は次の3点である。1点目は母子家庭等の児童が心身ともに健やかに育成されるための条件を保障すること。2点目は，母子家庭の母およ

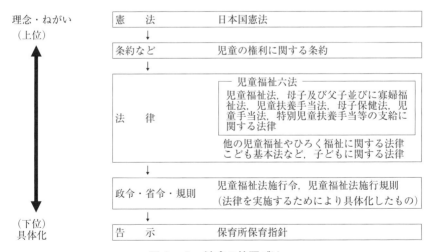

図4—1　法令の位置づけ

び父子家庭の父の健康で文化的な生活を保障すること。3点目は，寡婦に対しても それらに準ずる健康で文化的な生活を保障することである。

　この法律の「児童」とは，20歳に満たない者である。「寡婦」は，配偶者のない女性で，過去に配偶者がいない状況で民法の定めにより児童を扶養していたことのある者である。

5）母子保健法

　この法律の目的は次の2点である。1点目は母性・乳児・幼児の健康の保持と増進を図るため，母子保健に関する原理を明らかにすることである。2点目は，母性・乳児・幼児に対する保健指導，健康診査，医療その他の措置を講じ，国民保健を向上させることである。

　妊産婦が児童家庭福祉の対象であることをふまえ，本法では母性はすべての児童が健やかに生まれ，育てられる基盤であり，尊重され，保護されなければならないと規定している。「母性」という用語は，本法では妊娠・出産が可能で母となり得る性である「女性」を指す概念的な言葉として用いられている。

　また，この法律では，「妊産婦」を，妊娠中または出産後1年以内（流産・死産も含め）の女性と定義している。また「乳児」は1歳に満たない者であるが，そのうち出生後28日を経過しない乳児を「新生児」，身体の発育が未熟のまま出生し，正常児が出生時に有する機能を得るまでの乳児を「未熟児」としている。「幼児」は，満1歳から小学校就学の始期に達するまでの者としている。「保護者」は親権を行う者，未成年後見人その他の者で，乳児または幼児を現在監護する者と定めている。

6）児童扶養手当法

　この法律は，父または母と生計が同じではない児童が育成されている家庭の生活の安定と自立の促進に寄与するため，児童扶養手当を支給し，児童の福祉の増進を図ることを目的としている。

　対象は，父母が離婚，父または母が死亡，父または母が「政令で定める障害の状態」，父または母の生死が不明，といった状況に支給される。

　この法律でいう「児童」とは「18歳に達する日以後の最初の3月31日まで

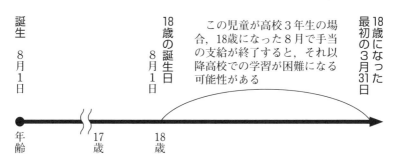

図4—2　18歳に達する日以後の最初の３月31日までの間にある者

の間にある者又は20歳未満で政令で定める程度の障害の状態にある者」である。「18歳に達する日以後の最初の３月31日」とは，18歳になってから最初に迎えた３月31日である（図４—２）。

7）子ども・子育て関連３法

　子ども・子育て関連３法は，「子ども・子育て支援法」「就学前の子どもに関する教育，保育等の総合的な提供の推進に関する法律の一部を改正する法律」「子ども・子育て支援法及び就学前の子どもに関する教育，保育等の総合的な提供の推進に関する法律の施行に伴う関係法律の整備等に関する法律」の３つの法律をまとめて呼ぶ際の呼称である。

　「子ども・子育て支援法」では，子育てについての第一義的責任を父母，保護者が有することを前提として，すべての子どもが健やかな成長のために適切な環境が確保できるよう，国・地方公共団体などが実施する子どもやその保護者に対する支援を「子ども・子育て支援」と定めている。この関連３法全体においても国・地方公共団体の「子ども・子育て支援」が示され，幼児期の学校教育・保育，地域の子ども・子育て支援を総合的に推進し，幼児期の学校教育・保育の量的拡大，質的向上により待機児童などの課題解決を目指している。

　また，新たな幼保連携型認定こども園や小規模保育事業などの創設，それに伴う利用制度・負担の変更，市町村の新たな役割などが定められている。

8）児童手当法

　この法律は，児童を養育している者に対して児童手当を支給するためのもの

である。児童手当を支給することにより，生活の安定と，児童の健やかな成長に役立てることを目的としている。本法における「児童」は18歳に達する日以後の最初の3月31日までの間にある者であって，日本国内に住所を有する者，または留学などの内閣府令で定めている理由によって日本国内に住所を有していない者である。ただし，支給される条件は別途定められている。この手当は「子ども・子育て支援」の1つとして位置づけられている。そのため，第2条に受給者の責務として児童手当の支給を受けた者はその趣旨に従って用いなければならないことが定められている。

9）特別児童扶養手当等の支給に関する法律

　この法律は精神または身体に障害のある児・者に手当を支給し，福祉の増進を図ることを目的としている。障害児に特別児童扶養手当，重度障害児に障害児福祉手当，特別障害者に特別障害者手当を支給することが定められている。

　この法律の「障害児」とは，20歳未満であって，政令で定めた障害等級に該当する程度の障害がある者を指す。「重度障害児」とは，障害児のうち，政令で定める重度の障害であり，日常生活において常時介護を必要とする者である。「特別障害者」とは，20歳以上で政令で定める著しい重度の障害にあり，日常生活において常時特別介護を必要とする者である。なお，この手当は，児童が日本国内に住所を有しない場合，支給されない。

10）少子化社会対策基本法

　この法律は，家庭や子育てに夢をもち，子どもを安心して生み育てることができる環境を整備するために総合的に施策を推進することを目的としている。社会・経済・教育・文化その他あらゆる分野における施策について，少子化の状況に配慮することで，少子化に歯止めをかけようとするものである。

11）次世代育成支援対策推進法

　この法律は，次代の社会（次世代）を担う子どもを育成している家庭，あるいはこれから育成しようとしている家庭に対する支援やさまざまな環境整備を迅速・重点的に推進することで，子どもが健やかに生まれ，育成される社会を形成することを目的としている。

　次世代育成支援対策は，父母・保護者が子育てについての第一義的責任を有するという基本的認識のもとで進められ，子育ての意義についての理解を深め，子育てに伴う喜びが実感されるように配慮して行われなければならない。

12）児童虐待の防止等に関する法律

　この法律は，児童虐待を防止し，児童の権利・利益を擁護することを目的としている。この法律の「児童虐待」とは，保護者が監護している児童（18歳に満たない者）について行う以下の行為を指す。

> ①　身体的虐待
> 　児童の身体に外傷が生じ，または生じるおそれのある暴行を加えること
> ②　性的虐待
> 　児童にわいせつな行為をすること，またはわいせつな行為をさせること
> ③　心理的虐待
> 　　a　児童に対する著しい暴言または著しく拒絶的な対応
> 　　b　児童が同居する家庭における配偶者に対する暴力
> 　　c　その他，児童に著しい心理的外傷を与える言動
> ④　ネグレクト
> 　　a　心身の正常な発達を妨げるような著しい減食または長時間の放置
> 　　b　同居人が行う前出の行為と同様の行為の放置
> 　　c　その他，保護者としての監護を著しく怠ること

　児童虐待は重大な人権侵害である。心身の成長，人格の形成にも重大な影響を与え，わが国の将来を担う次世代育成に問題が生じることから，児童虐待を禁止し，予防・早期発見し，国・地方公共団体の責務を明らかにして，虐待を受けた児童の保護および自立の支援のための措置等を定めている。

　この法律の「保護者」は，親権を行う者，未成年後見人，その他の者で児童を現に監護しているものをいう。「監護」とは，監督し保護することである。「配偶者」は，婚姻の届出をしていないが，事実上婚姻関係と同様にある者を含む。「暴力」は，身体に対する不法な攻撃であって生命または身体に危害を及ぼすものや，これに準ずる心身に有害な影響を及ぼす言動である。

　国・地方公共団体は，予防・早期発見，児童の保護・自立支援，保護者に対

する親子の再統合への配慮，良好な家庭的環境で生活するための適切な指導・支援を行うため，関係省庁・関係機関・民間団体との連携強化，民間団体の支援，医療の提供体制の整備，その他必要な体制整備に努める。また，国・地方公共団体は，関係機関の職員，学校の教職員，児童福祉施設の職員，医師，弁護士等，児童の福祉にかかわる者が児童虐待を早期発見・防止できるように研修等を行うほか，児童の保護・自立支援の専門的知識をもって適切に行うことができるよう，人材の確保と資質の向上を行うことが定められている。

13）育児休業，介護休業等育児又は家族介護を行う労働者の福祉に関する法律

この法律は，育児休業・介護休業・子の看護休暇に関する制度を設け，職業生活と家庭生活が両立できるようにすることを目的としている。そのため，子の養育や家族の介護を容易にするための事業主が行う措置を定め，養育・介護の支援措置を講ずることで，労働者の雇用継続・再就職の促進を図っている。

この法律で「育児休業」とは，労働者が子を養育するための休業で，「介護休業」は，労働者が要介護状態にある家族を介護するための休業である。

14）こども基本法

すべての子どもが将来にわたって幸福な生活を送るためには，社会全体が取り組む必要がある。この法律は，そのための施策に関して基本的な理念を定めるとともに，国の責務等を明らかにすることで「こども施策」を総合的に推進することを目的としたものである。この「こども施策」とは，子どもに関する以下のような取組みをいう。大人になるまで切れ目なく行われる健やかな成長をするための居場所づくりやいじめ対策など．子育ての喜びを実感できる環境づくりや相談窓口の設置など．教育や雇用，医療など，子どもや子育ての施策と一体的に行われる教育振興，医療確保，雇用環境の整備などである。

この法律で「こども」は「心身の発達の過程にある者」とし，具体的な年齢は示していない。

2 保育所保育指針，幼稚園教育要領等と子ども家庭支援

保育所保育指針，幼保連携型認定こども園教育・保育要領，幼稚園教育要領

は「告示」であり，規範として法的な性格をもつ。

　保育所における保護者支援は，保育士の業務であり，保育所は入所する子どもの保護者に加え，地域の子育て家庭に対する支援を行う役割を担う。幼保連携型認定こども園においても同様に，子どもの保護者に加え，地域の子育て家庭に対する支援を行う。入所している子どもの保護者に対する支援は，日常の保育と一体となって行われる，日々のコミュニケーションや行事を含め，さまざまな機会を捉えて，相互理解を図りながら進められている。

　地域の子育て家庭に対する支援は，地域の実情や園の体制をふまえて行われている。保育所や幼保連携型認定こども園は身近な施設であり，地域の子育ての拠点としての機能を果たすことが期待されている。

　幼稚園は施設や機能を開放し，幼児期の教育センターとしての役割が期待されている。園内体制の整備や子育てサークルへの協力，子育て相談や情報提供，保護者への声がけなど，地域の実態や保護者からの要請などに応じて，教育課程に基づく活動の妨げにならない範囲での実施が求められている。

　「保育所保育指針解説」（厚生労働省，2018），「幼保連携型認定こども園教育・保育要領解説」（内閣府・文部科学省・厚生労働省，2018）では，ソーシャルワークの基本を示した具体的な活動が示されている。一方，「幼稚園教育要領解説」（文部科学省，2018）では，園の体制を示すことに重点が置かれている。しかし，幼稚園教諭個々の活動にも子育て支援は含まれている。保育士・保育教諭同様，登園・降園時など，子育て支援につながる機会を積極的に活用する必要がある。

　乳児院・児童養護施設・母子生活支援施設は，それぞれに厚生労働省により「運営指針」が定められている。家族機能の支援・補完・再生に加え，家庭支援（ファミリー・ソーシャル・ワーク）やアフターケアなどの実施が求められている。児童館には「児童館ガイドライン」（厚生労働省通知，2018改正）が定められている。児童館の役割・機能として，子どもと子育て家庭が抱える可能性のある課題の発生予防・早期発見と対応，子育て支援が定められている。

3——主な社会資源（関係機関）

社会資源とは，ニーズを満たすためや，問題を解決するために用いるもので，具体的には施設や機関，集団や個人，お金，法律，技術などを指す。例えば，子どもの抱える問題を解決するために相談機関を利用することがあるが，この場合はその機関が社会資源となる。社会資源にはフォーマル（公式）なものと，インフォーマル（非公式）なものがある。フォーマルな社会資源には以下の1～7にあげた公的な機関・専門職などのほかに，法律などが含まれる。

1 福祉事務所

福祉事務所は，社会福祉法に定める「福祉に関する事務所」である。都道府県，市（特別区を含む）には設置義務があり，町村は任意設置である。生活保護法，児童福祉法，母子及び父子並びに寡婦福祉法，老人福祉法，身体障害者福祉法，知的障害者福祉法（福祉六法）に定める援護，育成，更生の措置に関する事務を行っている。なお，老人および身体障害者，知的障害者福祉に関する事務は市町村で行うため，都道府県の福祉事務所では，生活保護法，児童福祉法，母子及び父子並びに寡婦福祉法に関する事務を行っている。

2 児童相談所

市町村と連携しながら，家庭等から児童に関する相談を受け，児童の問題や具体的な環境を捉え，児童や子育て家庭に適切な支援を行う施設である。児童の権利擁護，最善の利益を念頭に置き，児童や家庭に対して必要な調査を行い，医学的，心理学的，教育学的，社会学的に，精神保健上の判定を行い，適切な支援を行うほか，児童虐待への緊急的な対応や一時保護，親子再統合への促進などを行い，児童，家庭に対する相談援助活動を行っている。

都道府県・政令指定都市には設置義務があり，また中核市または政令で指定された市に設置されている。さらに，2016（平成28）年の児童福祉法改正に

より，特別区の設置ができるようになった。

③ 家庭児童相談室

　先に解説した福祉事務所における児童福祉の相談機能をより充実させ，家庭における養育の向上を図ることを目的として福祉事務所に設置されている。家庭相談員や社会福祉主事が配置され，子育て家庭を対象に児童の育成上の問題について相談・指導を行っている。

④ 保健所・市町村保健センター

　地域における公衆衛生の中心的な役割を担う機関である。児童福祉や母子保健に関しても専門的な支援を行い，児童・保護者に対する相談・指導を行っている。また，感染症の予防など保健衛生に関する知識の普及も行っている。

⑤ 児童福祉施設・児童家庭支援センター

　児童養護施設などの児童福祉施設や，その中に置かれた児童家庭支援センターでは，児童や家庭，地域住民からのさまざまな相談に応じる。必要な指導・助言を行うとともに，保護を必要とする児童・保護者への指導・助言を行っている。児童相談所，市町村等との機関と連携を行い，地域の児童，子育て家庭の福祉の向上を行っている。

⑥ こども家庭センター（2024（令和6）年度設置）

　こども家庭センターは，すべての妊産婦，子育て世帯，子どもを対象とした相談支援の施設である。「母子保健機能」として保健師などが中心となる各種相談と，「児童福祉機能」としてこども家庭支援員などが中心となる相談の2つの機能を一体的に行うことで，市町村において子育て家庭を包括的に支援する体制を構築する。家庭や地域の状況把握，必要な調査・指導，子どもや妊産婦等への相談対応とサポートプラン作成，保健指導と健康診査，社会資源との連携などを行う。サポートプランは，可能な限り子どもや保護者・妊産婦との

面談の場で作成し，ニーズを把握して本人の希望をふまえながら行う。

7 児童委員・主任児童委員

　児童委員は，児童・妊産婦・ひとり親家庭の生活や環境を把握し，必要に応じて保護・保健，その他の指導，援助を行い，児童相談所や福祉事務所の業務に協力している。児童委員は，厚生労働大臣から民生委員・児童委員として委嘱されている。また主任児童委員は，児童委員の中から指名され，地域において子どもや妊産婦の福祉に関する相談・援助活動を担当している。

8 市町村（要保護児童対策地域協議会）

　市町村も，家庭などからの相談に応じている。市町村は，児童および妊産婦の実情把握，必要な情報提供，相談に応じて調査および指導を実施する。一方で都道府県・児童相談所は，専門的な知識や技術が必要となる問題への対応のほか，市町村を支援し，役割分担による効率化を図っている。

　また，虐待を受けている子どもなど「要保護児童」の早期発見・保護のためには，関係機関の情報共有と適切な連携による対応が不可欠である。そのため地方公共団体は「要保護児童対策地域協議会」を置くことができる。これは，関係する機関等により構成され，情報交換や支援を協議している。虐待を受けた児童・非行を行った児童への対応をより効果的に行うための組織である。

9 インフォーマルな社会資源

　インフォーマルな社会資源には，隣近所の助け合いやボランティア（個人・団体を含む）などがある。問題に対してしなやかな柔軟性があること，情緒面での支援に強いという利点がある一方，専門性が低いこと，安定した提供ができないという欠点がある。フォーマル（公的）な社会資源が期待できない場合，インフォーマルな社会資源を探すことや，新たに構築することも有効な支援策となる。また，フォーマルな社会資源と並行してインフォーマルな社会資源を用いることで，よりニーズにそった支援を行うことができる。

4──子育て支援における社会資源との連携

1 社会資源との連携

　子育て支援には，保育所・認定こども園・幼稚園・児童福祉施設（以下，「園・施設」とする）が単独で行う支援と，フォーマルな社会資源（行政，保育や子育て支援に関係する機関）と連携して行う支援，インフォーマルな社会資源と連携して行う支援，社会資源が単独で行う支援がある。

　社会資源となり得るのは，先に示した資源のほか，小・中・高等学校，スクールカウンセラー・スクールソーシャルワーカー，児童館，ファミリー・サポート・センター，ボランティア団体・NPO などである。

　これら社会資源との連携を考える前に，園・施設が単独で行う支援なのか，連携しつつ園・施設が中心となって行う支援なのか，他の機関が中心となって行う支援なのか，状況や園・施設の能力を整理して判断する必要がある。

2 社会資源をつくる

　子育てをめぐる問題の内容は，それぞれの家庭で異なる。また，地方と都市部とでも事情が異なる。適切な社会資源がない場合，新たな社会資源を構築したり，あるいは社会資源のニーズがあることを行政等に伝える必要がある。

　しかし，園・施設が新たな社会資源を構築することが難しい場合もある。その場合，眠っている社会資源やこれから社会資源になり得るものを掘り起こす活動が有効である。例えば，将来を見据えて中学・高校生の保育体験や職場体験を実施する。行事に地域の高齢者や保護者が加わることで，世代間交流を行いながら子育ての知識や技術を伝えるなど，つながりや地域がもつ潜在的な力を引き出すことができる。さまざまな機会を通して子育て支援にかかわる活動を展開することで，これまでになかった人と人とのかかわりが地域の活性化につながり，地域の子育て力を向上させることにつながる。

第5章 子育て家庭支援サービスの意義と実際

1——子育て家庭支援サービスの必要性

　日本の 2022（令和 4）年の出生数は 77 万 747 人と前年より約 4 万 900 人減少し，合計特殊出生率は 1.26 と過去最低を記録した。日本では，1994（平成 6）年の「今後の子育て支援のための施策の基本的方向について」（通称：エンゼルプラン，以下エンゼルプランと記述）を契機として少子化対策が始まったが，近年は，「次世代育成支援」策へと変化してきている。さらに，急増する不適切な養育に対応するため，要保護児童対策も講じられてきている。

1 子育て家庭の現状と課題

1) 養 育 者

　まず，親はどのような状況で子育てをしているのか。「地域子育て支援拠点事業に関するアンケート調査 2015」（NPO 法人子育てひろば全国連絡協議会）をみると，自分の育った市町村以外で子育てを行っている母親は 72.1％であり，また，母親のきょうだい数に関する回答では「ひとり」（二人きょうだい）が最も多く 48.5％となっている。

　次に，「第 6 回幼児の生活アンケート」（ベネッセ教育総合研究所）をみてみる。これは，母親の子育ての意識を調査しているものである。2015（平成 27）年から 2022（令和 4）年にかけて，子育てへの肯定的な感情（例えば「子育てによって自分も成長していると感じること」）が減少し，否定的な感情（例えば「子どもがわずらわしくていらいらしてしまうこと」）が増加している。

　これらのことから，子育て中の親（ここでは特に母親）は，頼る先が少ない

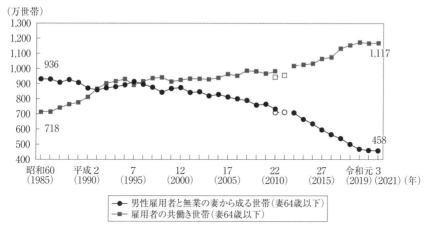

図5－1　共働き世帯数と専業主婦世帯数の推移帯（妻が64歳以下の世帯）

（出典　内閣府：令和4年版男女共同参画白書，2022）

中で子育てをし，負荷が大きくなり，子育てを楽しめない状況に陥っている可能性が高い。また，新型コロナウィルス（COVID-19）の蔓延は，子育て家庭の「社会的孤立」（ここでは，社会的孤立を家族以外との付き合いがほとんどない状態として捉える）を悪化させた可能性がある。

2）労働者としての親

　次に，子育て世帯の就労状況をみてみる。図5－1をみると，1990年代後半には共働き世帯の数が専業主婦世帯（男性雇用者と無業の妻から成る世帯）数を上回っている。

　このように男女ともに就労する世帯が増えてきているが，図5－2にみられるように，家事・育児にかかわる時間は，男性と女性とで大きく異なる。

　ケアの役割を担いつつ就労継続する親が増加する傾向にありながら，労働環境の整備・制度の設計が追いついていない可能性がある。例えば，『令和3年版少子化社会対策白書』をみると，第1子時点での就業継続は可能であっても，その後に第2子，第3子と出産すると家事・育児の量とこれらに要する時間が増え，女性が正規職員として就業を継続することが難しいことがみえてくる。

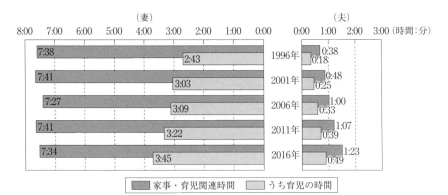

注：1．総務省「社会生活基本調査」を基に作成。
　　2．家事・育児関連時間は、「夫婦と子供の世帯」に限定した夫と妻の1日当たりの「家事」，「介護・看護」，「育児」及び「買い物」の合計時間（週全体平均）である。

図5－2　6歳未満の子どもを持つ夫婦の家事・育児関連時間

（出典　内閣府：令和3年版少子化社会対策白書，2021）

3）学習者としての親

　さて，もしあなたが子育て中の親で，他者から次の言葉をかけられたら，どう感じるだろうか。「育児から手が離れてから自分のやりたいことを行えばよいのではないか」。

　親であっても，一人の人間として成熟・学習する権利がある。しかし日本では性別に関する無意識の偏見（ジェンダー・バイアス）が強く，親が「あるべき母親像」にとらわれて悩んだり，生きづらくなったりしている場合がある。こうした状態に対しては，自分が抱えている課題・困りごとを俯瞰的に見つめる時間・学習の場が有効である。例えば，筆者が実施した公民館での乳児期家庭教育学級（ゆりかご学級）で当事者研究のワークを行った後には，次のような振り返りが記述されていた。

　「思い込みで自分をつぶして我慢しすぎるのではなく，もっと自分の好きなこと自分の時間を大切にすることが大切なんだと思いました」，「罪悪感と思わずに自分のことを少し優先してもいいんだなと思いました」[1]

　子育て期にあっても，親が自分らしくキャリアを形成し続けていけるような

子育て環境・労働環境・学習環境の整備が求められているといえる。

2 未来を見すえた子育ち・子育て社会

少子化・家族の規模の縮小化・個人化に伴い，異世代間での交流が乏しくなっている。また，親になる前に子どもと触れ合う機会も減っている。そのため，「親になることについての経験と学習」，「幼児とのふれあい体験」といった学習の機会が意識的に学校教育－特に家庭科－において実施され始めている。

こうした活動をさらに学校外に広げ，親以外の「育み手」を増やし，子育てのコミュニティをつくることが，今後さらに重要である。人口減少がさらに進めば，運営・経営面から，これまでと同様の子育て支援・児童福祉サービスを維持することは困難になると予想され，新たな取組み・知恵が必要となる。例えば新潟市秋葉区では，放課後児童クラブ（学童保育）の運営主体の撤退後に，コミュニティ協議会が学童保育を担う取組みを始めた。以下は，立ち上げを担った方へのインタビューの回答の一部である。

「そうだね，我々は利益を求めてやるんじゃないんだよね。地域の子どもは地域で育てるという意識でやってますね。…（中略）…自分も地域に育ててもらったという経験があるから，今こうしてやってるのかもしれないですね」[2]。

子どもが多様な育み手と出会う環境は，親子の適切な分離と親子の自立を円滑に進めていくためにも重要である。そもそも子育ては一人で担う事柄ではない。子どものケアを家族外へと開き，〈われらの子ども〉という視点で子どもを育む自治の仕組み・コミュニティをつくることが，子どもと親の双方のウェルビーイングを実現していくことにつながる。

2——子育て支援サービスの意義

1 子育ての負担感を軽減することの意味

「令和2年度少子化社会に関する国際意識調査報告書」（内閣府）をみると，

経済的支援，親が個人としての時間を持てるためのサービス，親が自身の心身を整え休息の時間を確保するためのレスパイト・ケアのサービスが必要とされている。

　では，これらのうちの，レスパイト・ケアサービスには，どのような意味があるのだろうか。以下は，「パパママ銭湯」という公共温泉施設での，乳幼児の一時預かりを利用した参加者の，アンケートの抜粋である。

　「知らない土地での育児で心細かったのでいろいろと教えていただき，本当にありがとうございました」，「お風呂の中に泣き声が聞こえない，泣いているのかな？　の幻聴もないという時間はとても貴重でありがたかったです」，「ゆっくりできて久しぶりにご飯も一人でらくらく食べられて良かったです。すごく気持ちが楽でした。（保育所には）6か月以降でないと預けられないので助かりました」[3]。

　このサービスでは，保育士が，母親に育児に関する相談を行っている。見知らぬ土地に来た親が，育児に関する不安・悩みを気軽に打ち明けることで，孤独感が緩和されたことがわかる。また，乳児期の母親は，乳児と離れることが難しく自分のペースで食べる・休む・眠ることが難しいという現実がある。だが，こうしたサービスを利用することで，育児への気持ちを前向きに変化させていくことができる。

② 切れ目のない支援の重要性

　子育てをする時期の中でも特に周産期（妊娠・出産・産後の時期）への支援サービスは，子どもの生命を守るために重要な意味をもつ支援である。子ども虐待による死亡事例の調査「子ども虐待による死亡事例等の検証結果等について」をみると，0歳児の死亡率（心中以外）が第18次報告（2022年）65.3％，第19次報告（2023年）48.0％と最も高い。すなわち，妊娠・出産・産後の時期に切れ目なく支援していく体制を整えること，特に，産後うつ・精神疾患・若年妊娠といったハイリスクなケースに対して早期に気づき，当事者が孤立せずに安心して子育てをしていけるように支援とつなぐことが重要である。

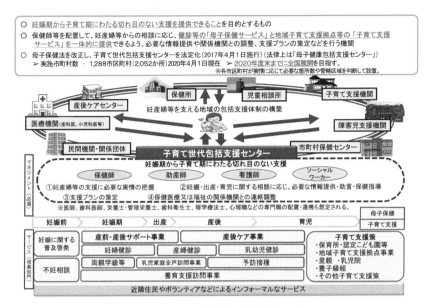

図5─3　子育て世代包括支援センター

（出典　内閣府　平成29年版少子化社会対策白書，2017）

　産前・産後サポートおよび産後ケアに関しては，2017（平成29）年に母子保健法が一部改正されて新たに「子育て世代包括支援センター」を設置することが，市区町村の努力義務とされた。

　具体的には，図5─3にみられるような妊娠期から育児の時期まで切れ目のない支援を行うために，医療・母子保健・児童福祉・教育といった分野の機関・団体が連携して支援していく機関である。他方，児童福祉に関しては，市区町村において，地域の実情に応じて子ども家庭総合支援の整備が進められた。

　これら2つの設立の意義と機能を維持した上で，一体的な取組みを行うために設置するとされたのが，「こども家庭センター」である。2022（令和4）年に改正された児童福祉法には，「市町村はこども家庭センターの設置に努めなければならない」（第10条の2，2024年（令和6）年4月1日施行）と明記されている（役割と体制については，「4節　子育て支援サービスの内容」で述べる）。

3 子育てをしながら働ける環境

　子どもとその家族に必要とされる支援サービスおよび環境整備の種類・内容については，地域の特性・当事者の声を考慮して整備していく必要がある。例えば，「新潟県子ども・子育て支援計画（第二期新潟県子ども・子育て支援事業支援計画）」（2020（令和2）年3月）の，新潟県における女性の労働力率（20歳から64歳までの年齢区分）は全国を上回っており，いわゆるM字曲線の落ち込み幅が全国に比して緩やかである。同計画の「特に力を入れてほしい施策」の回答では，子育てをしながら働き続けられる職場環境づくりの割合が最も高く53.4%となっている。

　働き続けられる職場環境づくりのための制度・事業としては，表5－1に示したような育児休業，パパママ育休プラス，産後パパ育休（出産時育児休業），看護休暇制度，短時間勤務等がある。

表5－1　育児休業・看護休暇・短時間勤務の概要

制度名	内　　容
育児休業	労働者がその子どもを養育するために取得する休業。原則として1歳未満の子どもがいる男女労働者だが，保育所への入所が難しいといった理由があるときは1歳6か月まで，その後も職場復帰が難しい場合は2歳までの再延長が可能。
パパママ育休プラス	両親ともに育児休業をとる場合には原則1歳までの休業期間を2か月延長できる。
産後パパ育休 （出生時育児休業）	男性が子どもの出生後8週間以内に4週まで取得できる。2022（令和4）年10月から施行。
看護休暇	小学校就学前の子を養育する労働者が事業主に申し出ることで，1年度に5日まで，1日単位，半日単位，時間単位で取得することが可能。
短時間勤務等の措置	3歳に達するまでの子を養育する労働者について単時間勤務の措置（1日原則6時間）を義務付け。①短時間勤務制度，②フレックスタイム制，③始業・終業時刻の繰り上げ繰り下げ。

筆者作成

3——子育て支援・次世代育成支援に関する法制度・プランの沿革と内容

■1 子育て支援事業の立ち上げ—1990年代

　1990年代の特徴としては，複数の省が子育て支援の施策を開始し，保育システムの多様化・弾力化によって保育サービスの量の拡充を進め，保育所に子育て支援の機能を付加し地域子育て支援センター，一時保育といった新たな施策を設けてきたことがあげられる。

　1994（平成6）年の「エンゼルプラン」を皮切りに，文部省，厚生省，労働省，建設省が子育て支援施策を進めてきた。この際，「育児休業給付の実施」「事業所内託児施設の設置促進」など「仕事と育児との両立のための雇用環境の整備」に重点が置かれていた。また，駅型保育，在宅保育サービスのように「保育システムの多様化・弾力化」を進めることで保育の量的拡充と，低年齢児保育，延長保育，一時保育，相談指導など保育サービスの多様化が示されている。

　これらの施策を具体化するために策定されたのが「緊急保育対策等5か年事業」（1994（平成6）年）である。ここで注目したいのが「地域子育て支援センターの設立」である。これは国の施策としては初めて，家庭における子育てへの支援を示したもので身近な育児相談の場，保育サービスの情報提供を行う「子育てネットワークの中心」となることを期待して整備された。

■2 すべての子育て家庭への地域での支援－2000年代

　2000年代の特徴として，施策の対象が「すべての子育て家庭」へと広がり支援分野が総合的になっていくこと，そして，地域での子育て支援を各自治体が中心となって実施する方向が示された点があげられる。

　まず，「少子化対策プラスワン」（2002（平成14）年）では，新たに「男性

も含めた働き方の見直し」,「地域における子育て支援」,「社会保障における次世代支援」,「子どもの社会性の向上や自立の促進」といった対策が加わり,「少子化社会対策基本法」(2003(平成 15)年)が制定された。その後,政府は「次世代育成支援対策推進法」(2003(平成 15)年)を制定し,全国の都道府県・市町村・事業主には,次世代育成支援のための行動計画の策定が課せられた。

3 子育て支援者の視点を取り入れ地域の事情に応じた子ども・子育て支援へ―2010 年代

　2010 年代の特徴として,少子化社会を見据えた保育機能の維持・確保に取り組み始めたこと,基礎自治体(市町村)を実施主体として地域の実情に応じた支援に取り組めるようにしたこと,財源を確保し「社会全体で子どもと子育てを応援する」ことを明示して取り組み始めたことがあげられる。

　まず,2010(平成 22)年の「子ども・子育てビジョン」では,「子どもが主人公」,「少子化対策から『子ども・子育て支援へ』」,「生活と仕事と子育ての調和」という考え方と,2014(平成 26)年度までに講じる政策内容および内容が示された。

　2012(平成 24)年には子ども・子育て関連 3 法(p.51 参照)が成立し,これに基づいて施行されたのが,2015(平成 27)年の「子ども子育て支援新制度」である。

4 2020 年代

　2022(令和 4)年には「こども基本法」(p.54 参照)が通常国会で成立した。そして,2023(令和 5)年度から発足したこども家庭庁は,子どもに関する施策の司令塔として,こども基本法を施行・推進していく役割を担う行政機関となっている。

4——子育て支援サービスの内容

1 子育てに関する総合的な相談支援機関

　2024（令和6）年度より新設されたこども家庭センターとは，市区町村において，すべての妊産婦・子育て世帯・子どもへ，一体的に相談支援を行う機能を有する機関である。これまでの子ども家庭総合支援拠点（児童福祉）と子育て世代包括支援センター（母子保健）の意義・機能を維持した上で，新たに次の2点を担うものである。

　①　妊娠届から妊産婦支援，子育て・子どもに関する相談を受けて支援をつなぐためのマネジメント（サポートプランの作成）

　②　民間団体と連携しながら，多様な家庭環境等に関する支援体制の充実・強化を図るための地域資源の開拓

　実際に運営していくための体制としては，こども家庭支援員，保健師，統括支援員が配置される。こども家庭支援員は主に児童福祉の相談を担い，保健師は主に母子保健の相談を担当し，新たに配置される統括支援員は，上記の支援を一体的に実施するための調整を行うことが期待されている。

2 子育てサポート・親子の交流・親子の関係形成支援

1）一時預かり事業

　一時預かり事業は，主として保育所・幼稚園・認定こども園といった場所で，保育士等が乳幼児を一時的に預かり保育を行う事業である。親のレスパイト・ケア（育児中の一時的な休養，負担感の軽減）での利用が可能である。

2）ファミリー・サポート・センター事業

　子ども（乳幼児・小学生）の預かり，送迎といった援助を希望する保護者と，こうした援助の提供を希望する人同士の相互援助活動に関する連絡・調整を行う。地域内での支え合いの仕組みづくりの1つである。

3）地域子育て支援拠点事業

　乳幼児とその保護者が相互に交流する場所である。同拠点の支援者は，保護者に子育ての相談，情報提供，助言を行う。子どもにとっては他者・他児との触れ合いによって社会性の発達が促されるという側面があり，親にとっては年齢の異なる子どもを観て，発育・発達状態を知り，子どもの育ちに見通しをもつという側面がある。

4）親子関係形成支援事業（2024（令和6）年度新設）

　親子関係形成事業とは，親子間に適切な関係性を築くために，児童およびその保護者に対し，児童の心身の発達の状況等に応じた情報の提供，相談および助言その他の必要な支援を行う事業である。具体的には，講義・グループワーク・ロールプレイといった手法で子どもとのかかわり方について学ぶ活動である。

③　子どもの居場所

1）放課後児童クラブ（放課後児童健全育成事業）

　保護者が家庭外で働き昼間は家にいない家庭の小学生に，適切な遊び・生活の場を設け，健全な育成を図る事業である。

2）児童館・児童センター

　対象は18歳未満のすべての児童である。「児童に健全な遊びを与えて，その健康を増進し，又は情操をゆたかにすること」を目的とする児童福祉施設である。対象が広いため，乳児・幼児・児童・思春期といった発達段階に応じた活動・環境整備・支援が必要となる。

3）児童育成支援拠点事業（学校や家庭以外の子どもの居場所支援）（2024（令和6）年度新設）

　児童育成支援拠点事業は，不適切な養育といったリスクの高い家庭にいる児童，不登校の児童等を対象とする事業であり，主として学齢期の児童への事業である。児童の居場所となる拠点を開設し，生活の場を設けるとともに，保護者への相談を行う事業である。具体的には，居場所・食事の提供，学習の支援，関係機関との調整，生活リズム・メンタルの調整を行う。

4 アウトリーチ型支援・ハイリスク家庭への支援

1）児童家庭支援センター

　児童家庭支援センターは，児童福祉法第44条の2に基づく事業である。地域の児童の福祉に関して，家庭からの相談に応じたり，市町村の求めに応じて助言・援助を行ったりしている。児童相談所・要保護児童対策協議会といった関係機関との連携・連絡調整を行い，援助を総合的に行う役割も担っている。

2）養育支援訪問事業

　養育支援訪問事業は，2009（平成21）年から制度化されている。不適切な養育のリスクを早期に発見し，必要なサービスに早期につなげることで，その予防と早期対応を図るために行われている。具体的には，乳児家庭全戸訪問事業（こんにちは赤ちゃん事業），乳幼児健診で把握した，養育支援が特に必要とされる家庭（例えば若年の妊婦，子育てに強い不安感・孤立感を抱える家庭）の居宅を，保健師・助産師・看護師・保育士といった支援者が訪問し，養育に関する相談受付・助言・指導を行い，その家庭の養育を支える活動である。

3）児童相談所

　児童相談所は，児童福祉法第12条および第59条の4に基づいて，都道府県・指定都市にその設置が義務付けられている。業務は，子ども・家庭からの養護・保健・障害・非行といった相談に応じて，在宅での指導を行ったり，児童福祉施設への入所措置の対応を行ったりすることである。

　また，必要に応じて，児童の一時保護，里親といった受け入れ先への委託の措置，親権者の親権一時停止といった業務も行っている。こうした業務を担っているのは，児童福祉司，児童心理士，医師，児童指導員，保育士といった専門職で構成されたチームである。近年は，不適切な養育のように緊急性が高く高度な専門性が必要な相談が増え，また，住民にとっては，広域を対象とする児童相談所よりも市町村の方の利便性が高いことから，児童家庭相談に関しては，2005（平成17）年度より，市町村が応じることになっている。

4）子育て世帯訪問支援事業（2024（令和6）年度新設）

　子育て世帯訪問支援事業は，要支援児童・要保護児童およびその保護者・特定妊婦・ヤングケアラーといった対象者の居宅を訪問し，子育てに関する情報の提供，家事・養育に関する援助を行う事業である。

5　障がい児とその家族への支援

　障がいのある子どもへの支援サービスは，主として「障害者の日常生活及び社会生活を総合的に支援するための法律」と児童福祉法に基づき実施されている。2012（平成24）年の児童福祉法改正に伴い，障がいの種別ごとではなく，利用形態の別（通所・入所）によってサービスが一元化されることになった。

　以下では，「障害児通所支援」のうち，児童発達支援センター，放課後等デイサービス，保育所等訪問支援について取り上げる。

1）児童発達支援

　児童発達支援は，児童発達支援センターで，主として未就学の障がいのある子どもたちを対象に「日常生活における基本的な動作の指導，知識・技能の付与，集団生活への適応訓練」を行うものである。

2）放課後等デイサービス

　放課後等デイサービスは，障がいのある子どもに，放課後・休校日に児童発達支援センター等で生活能力向上のための訓練を行うものである。

3）保育所等訪問支援

　保育所等訪問支援は，指導経験のある保育指導員・保育士が保育施設・児童養護施設を訪問し，集団生活に適応するための支援を行うものである。

6　子育て家庭への経済的支援

　現在の日本において，子どもの衣食住を整えて養育・教育環境を保障していくためには，経済的な基盤が不可欠となる。では，実際に一人の子どもを育てるためにはどの程度の金額が必要なのか。2005（平成16）年度「社会全体の子育て費用に関する調査研究」では，18歳未満の子ども一人当たりの子育て

費用は 17,278,000 円と試算されている。分野別では，「教育費（学校教育費・学校外学習費）」が 53％と最も多い。

　では，子育て家庭への給付にはどのようなものがあるのか。給付の形式は2種類あり，現金給付と現物給付がある。現金給付には，児童手当・児童扶養手当・特別児童扶養手当がある。児童手当は，中学校卒業までの児童を養育している者に支給され，支給額は，3歳未満は一律 15,000 円，3歳以上小学校修了前までは 10,000 円（第3子以降は 15,000 円），中学生は一律 10,000 円である（2023（令和5）年度現在）。

　児童扶養手当は，父母が婚姻を解消した後，父または母と生計を同じくしていないひとり親家庭で養育されている児童に支給される給付である。

　特別児童扶養手当は，20歳未満で精神・身体に障がいのある児童を家庭で監護・養育している父母等に支給され，金額は，療育手帳の判定に応じた金額である。

　これらの現金給付以外にも，「就学支援金」，乳幼児以降の医療費を助成する「医療費助成制度」，住宅の供給・住宅費補助といった経済的支援がある。しかし，世帯によっては十分な給付となっていない。特に，シングルペアレントの子育て世帯への経済的支援は，喫緊の課題となっている。

　図5−4みると，2015（平成 27）年の「子どもがいる現役世帯のうち大人が一人の世帯」の相対的貧困率は 50.8％となっている。子どもの教育格差を埋めるためにも，子どもの成長段階に応じた現物給付・現金給付を再考し，経済的支援を充実させていく必要がある。

5——育まれる親の環境としての保育者

　親は初めから親ではなく，子どもとかかわり合い，周囲の環境と交わりながら親として育てられていくものである。親としてのスタート地点で重要な役割を担う保育者は，いわば子育ての伴走者であり，子どもとはどのような存在か，どのような見方をしたらよいのか，支援の方法にはどのようなものがある

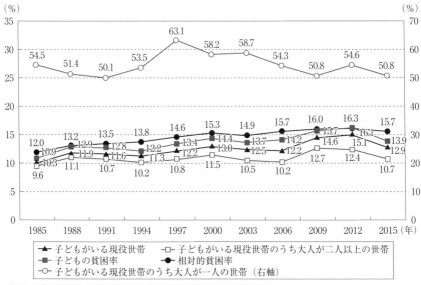

資料：厚生労働省政策統括官付世帯統計室「国民生活基礎調査」
(注) 1. 1994年の数値は，兵庫県を除いたものである。
2. 2015年の数値は，熊本県を除いたものである。
3. 貧困率は，OECDの作成基準に基づいて算出している。
4. 大人とは18歳以上の者，子どもとは17歳以下の者をいい，現役世帯とは世帯主が18歳以上65歳未満の世帯をいう。
5. 等価可処分所得金額不詳の世帯員は除く。

図5－4 世帯別相対的貧困率の推移

(出典 厚生労働省：平成29年版厚生労働白書，2017)

　のかといった基本を，実践を交えつつ伝える役割を担っているといえる。

　ただ，親の中には，子育ての「解答」を他者に求めたり，子どもを管理したりしようとする親もいる。こうした親を「できていない」と評価することは簡単であるし，専門性が増している分，親への見方が厳しくなる可能性がある。

　だが，多くの親は子育て初心者であるし，成育歴・価値観・環境もそれぞれ異なっている。なぜ，そのような考え方と行動になっている（なってきた，ならざるを得ない）のかを思いやり，今，できることはなにかをともに考える存在でありたい。

　そして，目の前の子どもがその子らしく育っていけるためには何ができるか

を考え，必要に応じてサポートするような仲間の輪をつくることができれば，
それは，子どもと親の双方が育つための豊かな土壌・環境になりうるだろう。

●引用・参考文献
1）渡邉彩：新潟市乳児期家庭教育「ゆりかご学級」における当事者研究の実践報
　　告，新潟中央短期大学暁星論叢，75 号，2023
2）渡邉彩：新潟市の放課後に関する事業の現状と課題−住民自治としての子ども
　　の育ち・学び保障−，新潟中央短期大学暁星論叢，72 号，2021
3）NPO 法人はぐハグ：パパママ銭湯アンケート報告書，2023

●参考文献
・熊谷晋一郎：当事者研究—等身大の〈わたし〉の発見と回復，岩波書店，2020
・厚生労働省：2021（令和 3）年国民生活基礎調査の概況，2022
・厚生労働省：令和 3 年版厚生労働白書，2021
・社会保障審議会児童部会児童虐待等要保護事例の検証に関する専門委員会：子ど
　　も虐待による死亡事例等の検証結果等について，第 18 次報告，2022，第 19 次
　　報告，2023
・竹端寛：権利擁護が支援を変える，現代書館，2013
・内閣府：令和 4 年版少子化社会対策白書，2022
・内閣府：令和 3 年版少子化社会対策白書，2021
・内閣府：令和 2 年度少子化社会に関する国際意識調査報告書，2021
・新潟県：新潟県子ども・子育て支援計画（第二期新潟県子ども・子育て支援事業
　　支援計画），2020
・根ケ山光一，外山紀子，宮内洋：共有する子育て—沖縄多良間島のアロマザリン
　　グに学ぶ，金子書房，2019
・福音館書店母の友編集部編：ぼくのなまえはぐりとぐら，福音館書店，2001
・福嶋尚子，栁澤靖明：隠れ教育費—公立小中学校でかかるお金を徹底検証，太郎
　　次郎社エディタス，2019
・ベネッセ教育総合研究所：第 6 回幼児の生活アンケート，2023
・保健師ジャーナル，2023.4 月号，vol.79，No.2，医学書院
・NPO 法人子育てひろば全国連絡会：地域子育て支援拠点事業に関するアンケート
　　調査　2015　地域子育て支援拠点における「つながり」に関する調査研究事業報
　　告書，2016

第 6 章

保育の場における日常的な子ども家庭支援

1——保育・教育施設での日常生活における支援

1 保育所・幼稚園・認定こども園とは

　保育所は，児童福祉法に基づく児童福祉施設である。保育所保育指針に定められているとおり，保育所には2つの役割がある。1つは，保育を必要とする子どもの保育を行い，その心身の健やかな育ちを支えることであり，もう1つは，入所する子どもの保護者および地域の子育て家庭に対する支援等を行うことである。保護者の就労形態の多様化や育児不安の増加に対応し，延長保育，夜間保育，休日保育，そして子育て家庭に対する相談や助言等を行っている。

　幼稚園は，学校教育法に規定された教育施設である。幼稚園教育要領において，幼児期の教育は，園と幼児の生活の基盤である家庭や地域社会の教育との連携によって成り立つことが示されている。特に，家庭との連携にあたっては，保護者の幼児教育に関する理解が深まるよう配慮することとされ，家庭での保護者の教育力，育児力を支える役割が求められている。少子化傾向により，幼稚園にも子育て支援機能が求められるようになり，教育時間終了後も引き続き園児を預かるいわゆる「預かり保育」を実施する園が増えた。また，在園児とその保護者のみでなく，地域の子育て家庭も対象とした，地域の幼児期の教育のセンターとしての役割を果たすことも求められている。

　認定こども園は，幼保一体的な運営をする総合施設として2006（平成18）年度より制度化された。認定こども園は，母体となる施設によって「幼保連携型」「幼稚園型」「保育所型」「地域裁量型」の4つの類型に分類される。2012

（平成24）年に「子ども・子育て関連3法」（p.51参照）が成立し，その中で認定こども園は，学校および児童福祉施設として法的に位置づけられた。2015（平成27）年度から本格実施された「子ども・子育て支援新制度」により，幼保連携型認定こども園は「就学前の子どもに関する教育，保育等の総合的な提供の推進に関する法律（認定こども園法）」に基づく単一の施設であり，学校教育法上の学校でなく，"教育基本法上の学校"となった。また，「幼保連携型認定こども園教育・保育要領」において，子育ての支援は幼保連携型認定こども園の重要な役割の1つであることが示され，子育てをする保護者への支援には，地域の人材や社会資源を活用すること等も求められている。

2 保護者の想いと保育者の支援

「保育所・幼稚園・認定こども園を利用する子どもの保護者」の置かれている立場はさまざまである。例えば保護者の働き方においては，専業主婦である場合，フルタイム，パートタイムでの労働をしている場合などがある。また，残業でほぼ毎日深夜に帰宅する，単身赴任をしているなどの場合もある。家族形態では，子どもの祖父母が同居しているか，近隣に住んでいる，もしくはいないなどの違いもある。その子どもが出生時に未熟児であったり，現在アトピーやアレルギーをもっている，または何らかの既往歴があるなどした場合にも，保護者の育て方や思いは違ってくる。子どもにきょうだいはいるのか，その子が第1子であるのか，その他にも保護者の状況はそれぞれに違っている。第1子をもうける年齢の差が広がっていることから，保護者の年齢層も以前に比べて幅広くなっているといえよう。

このような，それぞれの置かれた立場の違いやそれまでの経験，生育歴などによっても保護者の価値観，子育てへの思いは違ってくるであろう。保育者は，保護者が子育ての中で何を大事に思っているのか，子どもにどんなふうに育ってほしいと期待しているのかについて理解する必要がある。どの保護者も，自分の子に心身共に健やかに育ってほしいとの願いは同じであろうが，それぞれに抱える悩みや問題は一律ではない。保育者は，同じような悩みの相談

や訴え，要求であっても，「今時の保護者」として一括りに考えることなく，それぞれの置かれた立場や思いに想像をめぐらしながら，どのような支援が必要なのかを検討する必要がある。そのためにはまず，その保護者をよく知ることから始まる。入所・入園の際の書類等から，できるだけ各家庭の情報を収集することや，日々の会話，個別懇談などでの話の中から，子どもと家庭への理解を深めることが大切である。

③ 保育の場における支援の内容

1）子育てをともに楽しむ

　初めての子育ては，誰もが手探りであり，不安なのは当たり前である。まして現代は保護者自身が核家族，少子化の中で育っているため，身近で子育てを見聞きした経験も乏しく，子どもの発達の見通しがもてず，あふれる商業的な育児情報に振り回されてしまうことも多い。自分の子が保育所・幼稚園・認定こども園という集団の場に初めて入り，それまでの自分一人の子育てから解放されて安心する反面，そこで出会う他の子どもと自分の子を比べて発達の違いがあるのではないかと心配になる保護者もいる。また，子どもの育ちを自身の子育ての評価と捉え，保護者の自信喪失につながるケースもある。

　たしかに子育ては楽しいことばかりではないが，子どもは日々成長しており，そのときにしかない面白さ，かわいらしさをもっている。保育者は，保護者の子育てを責めたり，「子育てが大変だから代わりに育てる」といった姿勢ではなく，「それでいいですよ，大丈夫」と子育てを励ましたり，子どもの小さな成長を知らせ，気づかせることで一緒に喜んだり，「あのね，○○ちゃんは今日ね，とっても楽しかったんですよ」とその日あった出来事，子どもの言葉や様子を話すことで，保護者がそのときにしかない子どもの面白さ，かわいらしさを存分に味わうことができるようにしたい。保護者が，子どもをかわいい，子育てを楽しいと感じることが，親子関係を円滑にし，子どもの健やかな成長にもつながるのである。

　子育てを楽しむ余裕がない保護者の中には，仕事の負担が重い，父親が子育

てに協力的でない，といった場合もある。保育者はそうした境遇にも心を寄せ
ながら，ともに考え，ともに子育てをしていく存在でありたいものである。

2）子育ての相談とその助言

　保護者からの子育ての相談内容は，主に食事・睡眠などの基本的生活習慣や
しつけ・教育などの育児方法について，身体の発育・社会性についてなどが多
い。具体的には，「なかなか夜早く寝てくれない」「言うことを聞かない」「い
じめられているのではないか」などさまざまである。

　保護者から相談や訴えがあった際には，まず話を丁寧に聞くことが重要であ
る。「相談・助言」と並び称されることが多いが，保育者は「相談を受けたら
すぐにそれについて助言をしなければならない」ということではない。保護者
が，じっくり話を聞いてもらうことで自分なりに整理ができ，解決策を見出し
て，無理に助言が要らない場合もある。保護者をありのまま受け止め，保護者
の気持ちに共感する姿勢をもつ。その上で必要があれば，これまで自分が経験
したことや身近な事例などから具体的に助言する。例えば夜ふかしの相談であ
れば，「それではお母さんも自分の時間がなくて大変ですね」と共感し，大人
もテレビや電気を消して静かにしてみるよう勧めるなどの対応が考えられる。

　相談内容によっては，主任保育者や園長など他の保育者に協力を求めたり，
園全体でチームとしての対応が必要な場合もある。ただし，専門的な対応が必
要であると思われる相談内容に対しては，専門機関と連携し，保育者だけで抱
え込まないことも必要である。

　また，なかなか気軽に相談ができない保護者もいる。自分で問題に気づいて
いない場合や，自分から訴える力がない場合などである。そのような場合に
は，「園ではこういうふうにしていますが，お家ではどうですか？」と保育者
の方から家庭での子どもの様子を尋ねるなど，責めるのではなく保護者の気づ
きを促したり，温かく受容的な話しやすい雰囲気をつくることが大切である。

3）子育てに関する情報の発信

　人は，わからないことには不安を抱くものである。例えば，小さなけがや子
ども同士のけんかに過敏になる保護者も増えている。保育者は，それらが子ど

もの発達にとって必要な経験であることを，繰り返し保護者に知らせていく必要がある。保育者には，保護者に子どもの発達についての知識やかかわり方の技術を伝え，日常に活かしていけるように支援することが求められる。

　例えば父親自身の子ども時代に，仕事で忙しい父親に遊んでもらった記憶があまりなく，父親の子育てのイメージをもてないという場合がある。そうしたとき，近年増加してきている男性保育者が園にいることは，父親のかかわり方のモデルとしての役割を果たすことにもつながるであろう。

　また，地域には子育てに関するさまざまな社会資源（制度・機関・場・人等）がある。それらの情報を公開し，保護者が必要に応じて利用できるようにすることも大切である。例えば，子育てサロン，ファミリー・サポート・センターや地域子育て支援センター，あるいは子育てサークルなどについての情報を園内の掲示板や園だよりで紹介する。情報は全体に向けて発信するだけでなく，保護者からの相談に応じて，「それならこういう場所があるので利用を考えてみては？」などと必要に応じて個別に紹介することもあってよい。

4）保護者同士の関係づくり

　現代では，特に若年層において他者との直接的な関係がつくりにくい傾向にあるといわれているが，保護者も例外ではないだろう。自分から他の保護者とコミュニケーションをとることが苦手な人も増えているという声もある。若い母親たちの間では，「公園デビュー」という言葉に象徴されるように，同質な者同士の狭い世界を共有して安心し，異質なものを排除しようとするような例も聞かれる。本来であれば，同じ幼い子どもの保護者同士，不安や悩みを共有し，子育て仲間として自分の経験を伝え合い，情報を交換するなど助け合えるはずである。そのような保護者同士の人間関係づくりの難しさは，単に集まる場を設定しただけでは解消できるものではない。そこに，コーディネーターとしての保育者の存在が必要となるのである。保育者は，送迎の際にさりげなく共通の話題を提供したり，行事などを通して協力して何かを行うような場面を設定し，保護者同士が育ちあえる関係をつくることができるよう支援することも必要なのである。

4 保育の場における支援の方法

1）保護者への個別の支援

① 送迎の際の対話

　日々の何気ない会話の中で保護者の話を聞いたり，子どもの様子を伝えるようにしたい。子どもを迎える際に，その日の一人ひとりの様子を見るように，朝夕来園した保護者の様子にも目を配る。頻繁に温かく声をかけられることで，保護者は保育者が自分に関心をもっていると感じ，親しみがもてるようになる。朝は出勤前であわただしい保護者も多いので，夕方の迎えの方がどちらかといえば余裕がある。毎日決まった挨拶や連絡事項だけでなく，何か一言添えるようにしたい。その際，こちらから一方的に言葉を投げかけるだけでなく，双方向のやり取りにしていきたい。ただし，信頼関係ができるまでは，できるだけ子どもが今がんばっていることやできるようになったことなど肯定的なことを中心に伝え，保護者の不安を軽減することが大切である。また，保育者が常に忙しそうにしていると，保護者は遠慮してしまう。なるべくゆったりと構え，話しかけやすい雰囲気づくりを心がけることが大切である。

② 連絡ノート

　連絡ノートは，園と家庭が互いに子どもの様子を伝え合うために日々書かれるものである。身体の健康状態だけでなく，その日の出来事や子どもの様子について書くことで，保育者と保護者との信頼関係を深める手段の1つとなる。特別な出来事でなくとも，日常の中からエピソードを拾い，できればどの子にも当てはまるような記述ではなく，その子どもがその日発したつぶやきのような一言から，心の内が感じられる様子などを具体的に書くとよい。例えば，「給食の時，うどんの長いのと少し短いのともっと短いのを見つけ，『これ（長い）パパ，これ（少し短い）ママ，これ（短い）○○ちゃん（自分の名）』と言って，うれしそうに食べていました。お家での仲良し家族ぶりが目に浮かびました」（2歳児）などである。

　家庭からの連絡では，「顔を合わせて話すと言いにくいこともあるので，文

の方が伝えやすい」という保護者もいる。また、バス送迎や延長保育などで担任保育者と顔を合わせることが少ない家庭にとっては、子どもの様子を知り、担任保育者と言葉を交わすための中心的な手立てになる。ただし、顔が見えない分、誤解のないよう表現には十分な配慮を必要とする。専門家として教えようと思うあまり、説教調になったり、押し付けがましい文章にならないよう、書いた後で読み返したり、他の保育者に読んでもらうなどするとよい。

③ 個別懇談

個別懇談は、年に数回、保護者の希望する日時を調整して行われることが多い。送迎の際には、時間がなく他の保護者もいてなかなか話しにくい内容も、この機会に話すことができる。時間は一般的には1人15分程度で、次の保護者が待っているため、保育者側から伝えたい内容はあらかじめまとめておく必要がある。その際も、子どもの成長していることを中心に話し、子どもの気になる点、問題と思われる点については、どうしても伝えたいことに絞るようにする。子どもの気になる様子を話す際には、なるべく否定的な表現を避け、例えば「行動が遅い」は「自分なりのペースでやっている」、「乱暴である」は「元気が良過ぎて」などの言い換えをすると、保護者も受け入れやすい。

また、保育者側から一方的に話すだけにならないよう、保護者から家庭での子どもの様子を引き出すようにする。個別懇談では、特に家庭の事情などについて踏み込んだ話がされることも多いので、次に待っている人に聞こえないような配慮をし、また、知り得た情報については、秘密厳守しなければならない。さらに継続して面談が必要と思われる場合には、次の機会を設ける。

2）保護者集団への支援

① 行　　事

運動会や夕涼み会、作品展、発表会などの行事は、保護者にとって自分の子どもの家とは違った面を見ることができる楽しみな場である。保護者は、それらの行事を通して子どもの成長を感じ、子育てに喜びを感じるとともに、同じ年代の子どもの様子を見ることで「ああ、みんなそうなんだ」と安心したり、年少の保護者が年長の子どもの姿を見ることで発達の見通しがもてるようにも

なる。また，行事は，保護者同士の交流の場，子育ての悩みを共有できる仲間づくりの場にもなる。ただし，単に保護者が集まれば，関係が深まるわけではない。運動会の種目や，他の行事の運営などに，保護者会の役員だけでなく，保護者が参加できる企画を入れ，交流のきっかけにするとよい。

② 保育参観・保育参加

　特別な行事の姿でなく，普段の保育の様子を知る機会として，多くの園で設けられているのが保育参観である。登所，登園の際にはあまり機嫌がよくないことが多くても，日中元気に遊んで過ごしていることがわかれば，保護者は安心できる。しかし，大勢の保護者が後ろでずらりと並んで観ていたのでは，なかなか子どもも保育者も普段どおりの活動ができないことも多い。年齢が低い子どもの中には，大勢の保護者がいることで落ち着かず，普段と違う雰囲気に不安になり，保護者の姿を見て泣き出してしまう子さえいる。

　できれば，一斉の参観よりも少人数で，保護者の都合のよい日に合わせて行う「保育参加」を実施できるとよい。これは，保育者の補助のような形で保育に参加するものである。子どもたちと一緒に遊び，交流することで，より子どもの発達やかかわり方を理解することができる。また，他の保護者の子どもとのかかわりを参考にすることができ，少人数で実施することで，保護者同士のかかわりも深まる。年間を通して数人ずつ順番に保護者が来ていることに慣れれば，子どもたちも緊張せず，普段どおりに生活することができるであろう。

③ 育児講座・保護者懇談会

　保育者は，子どもに関する知識・技術を日常の中で伝える他に，両親向けや父親向けの育児講座を開催することもできる。講座については，できれば講話のみでなく，遊び方などの体験を交えたものが望ましい。長時間話を聞くだけでは，参加する保護者は少なくなる。また，子育ては身体的行為であり，体験不足は体験で補う必要があるのである。その日の学びや気づきを，翌日からの家庭生活，親子関係に生かしていける講座になるよう工夫が求められる。

　保護者懇談会は，園全体で行う場合や，クラス別に行われる場合などがあり，子どもの様子や子育てについて，保育者と参加者で懇談を行うものであ

る。互いの子ども同士が同じクラスに属していても，送迎の時間が合わなければなかなか顔を合わせる機会も少ない。この機会に交流を深められることが望ましい。保育者は，普段の会話などから，保護者が関心をもっていることや，多くが抱える悩みなどを汲み取ってテーマを設定する。それに沿って話を進めるが，大勢の前で発言することは苦手な人も多い。堅苦しい雰囲気をつくらず，ざっくばらんに話ができるよう，保育者自身が心を開いて話すこと，また，保護者の発言を，うなずきながら熱心に聞くことも必要である。

④　園だより・クラスだより，SNS などの活用

　園だより・クラスだよりは，子どもの様子や育児情報を保護者に伝えるために，月1回程度発行される。行事予定やそれについての連絡事項の他，日々の子どもたちの様子などを載せることが多い。他にも，親子で楽しめるような詩や絵本の文を載せる，育児の具体的な方法を伝えるため，保護者からの問いに答える形の Q & A 方式にするなど，各園・保育者が工夫を凝らしている。

　現在では，各園のホームページや SNS アカウントをもっている保育所・幼稚園・認定こども園もある。そこから子どもの様子や育児情報を伝えることも可能になるが，不特定多数が閲覧できることを考え，個人名は載せない。写真などを載せる際には，承諾を得た上で載せる，または明確に子どもの顔が判別できるような写真ではないもので，保育の様子や子どもたちの様子がわかるような写真を掲載するようにするなど，個人情報には十分な配慮が必要である。

2──放課後児童クラブにおける支援

1　放課後児童クラブとは

　放課後児童クラブ（放課後児童健全育成事業）は，1997（平成9）年に児童福祉法に規定され，また社会福祉法に基づく第二種社会福祉事業である。学童保育，学童クラブなど地域によってさまざまな名称があり，保護者が労働等によって昼間家庭にいない小学校に通う子どもたちに，放課後（学校休業日には

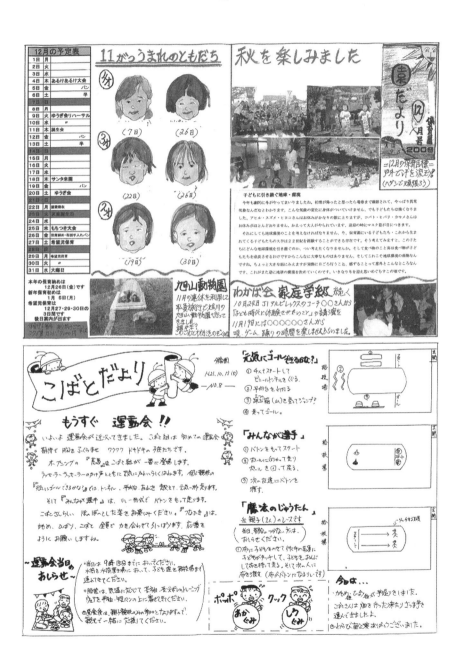

図6-1　園だより・クラスだよりの例

終日）遊びや生活の場を提供して，健全な育成を図る事業である。

　子ども・子育て関連3法の制定により児童福祉法が改正され，放課後児童クラブの設備および運営について，国で定める「放課後児童健全育成事業の設備及び運営に関する基準」をふまえて市町村が条例で基準を定めることとされ，対象児童の明確化（小学校に就学している児童）の規定等が盛り込まれた。厚生労働省は，これまでの「放課後児童クラブガイドライン」を見直した「放課後児童クラブ運営指針」を策定し，2015（平成27）年度より適用した。その中では保護者との連携を積極的に推進するものとし，「保護者が互いに協力して子育ての責任を果たせるように支援する」とされている。

② 放課後児童クラブにおける支援の内容とその方法

　放課後児童クラブ（以下，クラブ）の放課後児童支援員は，子どもたちが安心・安全に放課後を過ごせる生活を保障し，保護者が安心して就労できる環境をつくることが，まず第1の支援である。子どもが安心してクラブで過ごすためにも，放課後児童支援員と保護者は連絡を密にし，互いに信頼関係を築くことが重要である。また，保護者同士が子育ての喜びや苦労を共感し合い，学びあえる場を提供することも必要である。

　保護者への個別の支援としては，送迎の際や連絡帳などを通して保護者に子どもの生活を伝え，保護者からの話を聞く。必要があれば，電話や面談を行うこともある。

　集団への支援としては，通信の発行や保護者会などの場を設け，クラブとしての活動の様子や学齢期の子どもの発達について保護者に伝える。保護者会では，保護者が子育てへの自分の思いや意見を話し，保護者同士が思いを共有し励まし合いながら関係を深めていく機会とする。また，キャンプ・子ども祭りなどの行事への参加や協力を通して，保護者が子ども理解や，保護者同士の関係を深めることができるようにする。

　この時期の子どもは，まだ大人の保護が必要な部分も多いが，大人に依存しつつ自立していく存在である。周囲の大人が協力して，なるべく「手はかけな

いで，目をかけて」という，過保護にせず見守る姿勢をもつことが大切であることを，保護者に伝えていく必要がある。

③ 幼児期から学齢期への相談内容の変化

　学齢期は，幼児期から徐々に脱却し，さらに思春期・青年期へと移行していく過渡期でもある。この時期の子どもは，身辺は自立し，ある程度自分のことは自分でできるようになるので，保護者はそのような点では手間がかからなくなるといえる。しかし，自分の世界をもち，自己主張が強くなるなど，保護者は子どものことを理解しづらい，育てにくくなったと感じることもある。

　保護者からの相談内容としては，学習についてやゲーム・小遣いの与え方など，幼児期には少なかった項目も含まれるようになる。また，日々の送迎の際，担任保育者に会って話のできた保育所・幼稚園・認定こども園とは違い，学校での様子は子どもの話からの把握が中心になるため，保護者と担任との間に誤解が生じ，学校や担任への不平・不満を支援員に相談するといったケースもある。

　放課後児童クラブの放課後児童支援員は，保護者の相談に対してともに考え，ともに育てる姿勢をもつことが求められる。また，小学校との連携を図り，相談内容によっては学校との橋渡しをする必要がある場合もある。

●参考文献
・石川洋子：子育て支援カウンセリング，図書文化社，2008
・厚生労働省編：保育所保育指針解説，フレーベル館，2018
・文部科学省編：幼稚園教育要領解説，フレーベル館，2018
・内閣府・文部科学省・厚生労働省編：幼保連携型認定こども園
　教育・保育要領解説，フレーベル館，2018
・森上史朗編：最新保育資料集2009，ミネルヴァ書房，2009
・森上史朗，柏女霊峰編：保育用語辞典，ミネルヴァ書房，2009
・中野由美子，土谷みち子編著：21世紀の親子支援，ブレーン出版，1999
・全国学童保育連絡協議会編：学童保育ハンドブック，ぎょうせい，2006
・厚生労働省：放課後児童クラブ運営指針，2015

第7章 地域子育て支援活動における子ども家庭支援

1──地域子育て支援における子ども家庭支援

1 地域子育て支援拠点事業とは

　少子化・核家族化・都市化・産業構造の変化といった家庭を取り巻く社会環境の中で，母子だけで向き合って過ごす「密室育児」「育児の孤立化」が懸念されている。子育ては子どもが育つのみならず育てる者が「親になる」過程でもあり，その際にさまざまな変化や感情をもたらす。その過程は楽しいことばかりではなくさまざまな葛藤をも抱えるものである。「子どもがかわいい」「子育ては楽しい」という肯定的な感情をもつ者も多いが，一方で同時に「子育てを辛いと感じることがある」「子どもと少しの時間でいいから離れたいと思うことがある」と不安感や負担感を感じる母親は多い。また，そのように子どもに対していら立つ自分自身について「自分だけなのではないだろうか」「他のお母さんは皆，うまく子育てをしているように思える」「こんな自分には母親になる資格がなかったのではないだろうか」と誰にも相談できず一人で悩んでいた，という声も多く聞かれる。多くの手と目で子育てがなされていた時代に比べ，子育てに関する知識・スキルの伝達や悩みの共有が難しく，不安を一人で抱え込まざるを得なくなっているのである。

　このような，子育てにおける不安感や負担感の軽減のためには，子育てをするすべての家庭を支える取組みが必要である。「地域子育て支援拠点事業」は地域全体で子育てを支援するため，子育て家庭の交流等を促進する子育て支援拠点の設置を推進することにより，地域の子育て支援機能の充実を図り，子育

ての不安等を緩和し，子どもの健やかな育ちを支援することを目的とした事業である。

　1993（平成5）年から子育て家庭の支援を行うため，保育所において地域の子育て家庭等に対する支援を行う「地域子育て支援センター」事業が実施されてきた。また，2002（平成14）年からは身近なところでいつでも気軽に集える場の整備として「つどいの広場」事業が実施されている。その後，児童館の活用も図りながらこれらの事業を再編し，地域子育て支援拠点の拡充を図る目的で2007（平成19）年に創設されたのが「地域子育て支援拠点事業」である。

　本事業は，2009（平成21）年4月の児童福祉法改正により児童福祉法上の事業として位置づけられており，市町村には本事業が着実に実施されるよう必要な措置の実施に努めることが求められている。2007（平成19）年には全国であわせて4,386か所であった拠点は，2022（令和4）年の段階では7,970か所整備されている。

　これらの拠点施設で行われる共通した基本事業は表7―1のとおりである。これらの活動を通して，地域の子育て支援拠点に求められる機能および支援者の役割としては以下の3点があげられている[1]。

　学び：利用者が気兼ねなく相談できる関係づくり，個々の支援や情報提供，利用者同士のかかわり合いや地域のさまざまな人たちとの交流を促すようなはたらきかけ。これらによって，親子がともに成長するための学びの機会を広げていくよう努める。

　支え：支援者は利用者の身近な相談相手・理解者であるよう努める。利用者同士の支え合いを促し，世代や立場を超えたさまざまな人たちの協力を得て，地域全体として子育て家庭を支える環境づくりを行う。

　親子の力を引き出す：親が自己肯定感を高め子どもや子育てに向き合う余裕を回復する過程を重視する。さまざまな活動を通して刺激や学び得る機会をつくり出し，親子の力を引き出すようにはたらきかけていく。

単なる遊び場ではなく，支援者の経験や専門性を生かし，学び・支え合い・親子の力を引き出すために地域の子育て全般に関する専門的な支援を行う拠点

表7－1　拠点施設での基本事業の概要

事　　　業	内　　　容	例
①子育て親子の交流の場の提供と交流の促進	子育て親子が気軽にかつ自由に利用できる交流の場の設置や，子育て親子間の交流を深める取組み等の地域支援活動の実施	遊び・集いスペースの整備，遊具・玩具の整備，遊びの提案，等
②子育て等に関する相談・援助の実施	子育ての不安や悩みなどをもっている子育て親子に対する相談・援助の実施	保育士・助産師・保健師・栄養士などによる育児相談の開催，等
③地域の子育て関連情報の提供	子育て親子が必要とする身近な地域の育児や子育てに関するさまざまな情報の提供	子育て通信の発行，育児メールでの情報提供，等
④子育ておよび子育て支援に関する講習等の実施	子育て親子や，将来子育て支援にかかわるスタッフとして活動を希望する人を対象とした，月1回以上の講習等の実施	育児講座，プレママ・パパ講座，子育てサポーター養成講座の実施，等

として機能することが，この「地域子育て支援拠点事業」では求められているのである。

2 利用者からみた地域子育て支援

　このように，地域において家庭以外の場で親子が集い過ごし，学び支え合う目的をもって地域子育て支援拠点事業は推進されている。このような拠点をはじめとした親子が集える場所（以下，親子の居場所）は，子育て家庭にとって重要なサポート資源となるべく設置され存在している。このような支援は，具体的に子育て中の親にとってどのように影響を与えているのだろうか。これについて，当事者である利用者の親自身はどのように認識しているのか，みてみたいと思う。

　図7－1は親子の居場所を利用した母親が，利用したことによってどのような気持ちの変化を感じているかを示したものである[2]。地域子育て支援（親子の居場所）を利用したことによって，多くの人が何らかの気持ちの変化を感じていることがわかる。特に，地域子育て支援拠点事業の目的である「子育てにおける不安の緩和」については6割程度の人がその効果があったと思っている

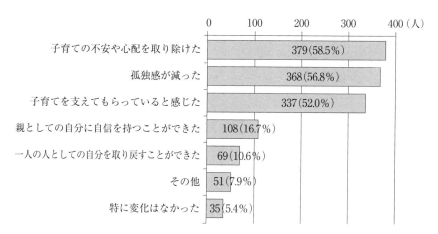

図7－1　「親子の居場所」利用による気持ちの変化（N＝648）

（出典：角張慶子，小池由佳：「子育て支援」が親に与える影響について，
人間生活学研究，4，p.44，2013）

といえる。

　また，具体的に，子育てにおいてどのような点で変化がみられたのかについ
てもみてみよう[2)]。

　表7－2は親子の居場所を利用することによって具体的にどのような点が変
化したのかについて，利用者の回答を分類したものである。

　このような多岐にわたる変化が認められていることからいえることは，地域
子育て支援拠点事業をはじめとした親子の居場所という子育て支援が，それら
の事業で求められると示されていた，「学び」の場であり「支え」の場であり
「親子の力を引き出す」場である，という目的にかなった支援であるというこ
とである。保育者をはじめとした支援者はこのことを意識しながら，場をつく
り専門的知識をもちながら利用者に寄り添う必要がある。また，それぞれの地
域特性やそこで暮らす家庭のニーズ等に合わせて，その内容や運営のあり方に
ついて柔軟に工夫していくことが重要である。

表7－2　「親子の居場所」の利用により変わったこと

カテゴリー		内　容
a	我が子	子ども（我が子）の変化への気づき
		【例】子どもの遊び方の幅が広がったり，他の子と会うことで刺激を受け，成長していると思う。
b	我が子理解	子ども（我が子）の見方・捉え方の変化
		【例】他の子の様子を見る機会が増えて，みんな同じだなぁと安心したり，自分の子どものよい面に気づいたりした。
c	「子ども」理解	「子ども」という存在そのものの見方・捉え方の変化
		【例】子どもはまだまだ成長の途中。できないことがあって当たり前。あまり要求してはいけないのだと気がついた。
d	親子環境	親子の「環境」の変化
		【例】家で子どもと2人きりでいるより，たくさんの人と接することで生活にメリハリがついた。
e	親の気持ち・考え	親自身の気持ち・気分の変化，考え方の変化
		【例】自分だけが育児をつらいと感じていると思っていたが，みんなそれぞれ悩みがあることがわかり子育てが楽しくなった。
f	親の行動	親自身の行動の変化
		【例】子どもと2人きりの時間が辛かったこともあったが，他の子どもと遊ばせたり他の親の話を聞くうちに，子どもと2人きりの時間も楽しめるようになった。
g	子育てイメージ	「子育て」そのものに対する見方・捉え方の変化
		【例】子育てはみんなで助け合ってやっていくもの。ひとりで頑張りすぎる必要はない。子どもを子育てを楽に受け入れられるようになった。

3 保育者に求められること

　これらの地域子育て支援事業は現在，保育所や幼稚園等に併設されていることも多く，保育者がその運営に多くかかわっているが，そこでのかかわりや求められる専門性については保育所等と異なる部分がある。これらの場はいわゆる保育所のように「決まった子どもが毎日通う」場所とは異なり，対象となる利用者が「いつでも」「誰でも」来たいときに来ることができるということが

特徴である。言い換えるならば，継続して利用するかどうかを判断するのは利用者であり，その施設の魅力や支援内容が利用者のニーズと合致するかどうかにかかってくる。そのような状況下において，保育者には利用する家庭のニーズを把握し適切なかかわりや支援をしていくことが求められる。

橋本[3]は「地域子育て支援センター」の保育者には以下の3つの力が必要であると述べている。

・コーディネート力：「遊びに行くこと」を目的として気軽に来所できるため，多様な問題の発見機関としての役割を果たしやすい。しかし，一機関で対応できる相談の範囲は限られているため，子育て中の親と地域の多様な資源（適切な専門機関等）とを結びつけるコーディネート力（つなげる力）が必要となる。

・コミュニケーション力：直接子どもを保育する保育所等と違い，保育者のもっている情報や技術を親に伝える力が必要になる。また，不特定多数の人を対象にするためには，人や場面に応じたコミュニケーションのあり方が求められる。

・引き出す力：「地域全体で子育てを支援する基盤」を形成させるためには，市民の力を引き出す力が必要。支援される側よりも必要とされる人でありたいという利用者の心情をいかにくみ取るかが大切。

また，小池ら[4]においても，センターにおける「家庭支援」の視点から，保育者の専門性に関して以下のような指摘をしている。

・親の保育者への信頼感が子どもに伝わることで子どもとの関係が生まれる。
・親と保育者が子育ての責任を分かち合いながらともに子どもに関心を向ける。
・親と「個人」としての関係性を結ぶ。子育ての話をしない子育て支援のあり方もある。
・受容と共感。親を「育てる」のではなく「寄り添う」大切さ。
・気軽に利用できる場だからこそ，親子が発するサインを見逃さない。
・過ごしやすい場にするための積極的な取組みが必要。

　これらの専門性はいずれも「地域子育て支援」のみならず，すべての家庭支援場面においてもいえる事柄である。しかし，両者において指摘されているように，「気軽に足を運べる場所」ならではの支援の利点と配慮があることを忘れてはならない。

2——地域における多様な子ども家庭支援

1 地域における子ども家庭支援

　地域における子ども家庭支援は，保育所や地域子育て支援の拠点施設といった場所で行われるだけとは限らない。地域のさまざまな場面で，さまざまな人たちが支援にかかわっている。いろいろな立場でのサービス提供がなされることは，それを選択する利用者にとって有意義なことである。現在では市民の手による支援活動なども各地で多く行われている。

　原田[5]は「親を運転席に！支援職は助手席に！」というキャッチコピーを掲げ，保護者や市民が中心となり行政や専門職がそれを後方から支援するというスタイルの支援を推奨している。公的な支援だけが子育て支援を担うのではなく，市民や当事者グループの「子育てネットワーク」「子育てサークル」等を公的機関や専門職が支えることにより，多くの子育て家庭を支援していくという方向である。このような「多層的」な支援のあり方は，多様化・複雑化する家庭や子育て環境における問題に対応するにあたり，有効な方向性であるといえよう。保育や子育て支援に関する専門知識をもった保育者は，このような活動をその専門性を活かして支援していくことも重要である。

2 地域で子育てを支えるとは—保育者に求められること—

　このように，地域において多様な形で多層的に子ども家庭支援がなされることは重要であり，子育て家庭が自分たちのニーズに合わせてさまざまな支援を利用できることが望ましい。

　そのような地域における支援において，保護者は支援者にどのようなことを求めているのか，また地域で子育てを支えるということはいったいどういったことなのであろうか。

　表7－3は，実際に地域で子育てをする中で，「地域の人に支えられている」と感じる場面についての意見である[6]。多くの人が，「声をかけてもらえる」「子育ての状況を理解してもらえる」などというように，他者からの「情緒的なサポート」を地域での支えを感じる理由としてあげている。これにより，地域の中で見守られて子育てをしているという安心感が地域で「支えられている」という気持ちにつながっていることがわかる。地域での子育ての支援は，地域全体で子育ておよび子育て家庭を「見守る」という雰囲気の醸成からがその第一歩であるといえる。

　また，保護者に「どのような人に子育てを相談したいか」尋ねた回答は図7－2で示した[7]。いわゆる，保育者が有するであろう子どもの発達や心理についての専門的知識をもっている人に相談したいという意見も一定程度ありつつも，それを上回っているのが，「一緒に考えてくれる」「わかってくれる」人を求めているというものである。地域においては，決して指導的立場ではなく「一緒に考える」「理解する」という支援者の存在が重要であり，保育者は，

表7－3　子育て中に「地域の人に支えられている」と感じるとき

・子育てでイライラする時に外で「かわいい子だね」と言われるとホッとする
・子どもと会うとかわいいかわいいと言われより一層愛しくなる
・子の成長をよろこんでくれる。「大きくなったね」など話かけてくれる
・スーパーで買い物していると温かく声をかけられたりするだけでも、見守られている実感がある
・スーパーで買い物中，病院の待ち時間などに優しく声をかけてもらえる。手助けをしてもらえる
・散歩中とかに話しかけられて，子どもが社会性を学んでいけること
・アパートに住んでいるが，子どもの騒音はお互い様と思ってくれている
・「大変でしょう」とよく言われ，おすそわけを頂いたりすることが増えた。子どもをかわいがってくれる
・子どもと散歩中によく話しかけられたり，野菜くれたり，「お茶飲んでいきなさい」と声かけしてくれると，一人じゃないなと実感する

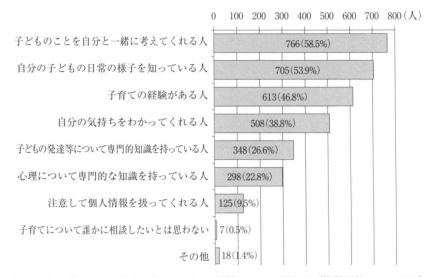

図7−2　どのような人に子育てについて相談したいと思うか（複数回答，N＝1309）
（文部科学省調べ，2008）

地域の多様な資源におけるそのような存在をさらに多層的に支えるとともに，自らもその寄り添う者として存在する必要がある。

　これまで見てきたように，地域で子育てをするにあたって子育て家庭の支えとなるのは，地域の中で子育てを（子育てをしている自分たちを）受け入れてもらっていると感じること，およびともに子どもや子育てについて考えてくれるという寄り添う者の存在である。保育者は常にこのことを念頭に置き，子育てや子どもへの専門的知識を備えつつ，子育てをそして子育て家庭を受け止める受容の姿勢でかかわることが何よりも大切だと考えられる。また「子育て支援」は決して支援者から保護者へ支援を与えるという一方向的な営みではない。受容の姿勢で親子にかかわりながら子育て家庭の声に耳を傾け続けることは，子育てをする人たちが自分自身でよりよい子育てのあり方を見つけることにつながるであろう。そしてひいては，保育者自身も自分の発達を感じることにつながるのである。

●引用文献

1）厚生労働省：地域子育て支援拠点事業実施のご案内，2009

2）角張慶子，小池由佳：「子育て支援」が親に与える影響について，人間生活学研究，4，pp.41-50，2013

3）橋本真紀：地域子育て支援センター職員の専門性に関する一考察，日本保育学会第54回大会発表論文集，pp.610-611，2001

4）小池由佳，斎藤裕，角張慶子：子育て支援の担い手としての保育士の資質と養成のあり方について，県立新潟女子短期大学研究紀要，45，pp.85-94，2008

5）原田正文：子育て支援とNPO，朱鷺書房，2002

6）角張慶子，小池由佳，斎藤裕：新潟県における子育てに関するアンケート調査結果報告書，2014

7）文部科学省：重要対象分野に関する評価書―少子化社会対策に関連する子育て支援サービス―，2008

●参考文献

・内閣府：令和4年版少子化社会対策白書，2022

第8章 対象別にみた子ども家庭支援

1——障がいのある子どものケースへの対応

　障がいのある子どもの保育について共通しているのは，一人ひとりの子どもの発達過程や障がいの状態を把握しながら，適切な環境の下で，障がいのある子どももどの子どもも，生活を通してともに成長できるよう考えることである。そして全体的な計画や指導計画の中に位置づける。また，子どもの状況に応じた保育を実施するためには，家庭や関係機関と連携した支援のための計画を個別に作成するなど適切な対応を図っていく。

1　入園時に障がいがわかっている子どもと家族への支援
　　―肢体不自由，聴覚・視覚の障がいなど―

1）子どもおよび子ども集団への対応

　比較的早期に障がいがわかり，医療機関や療育機関を利用している場合には，入園時に子どもの健康状態や発達の特徴，障がいの特性について，保護者から丁寧に聞き取る。その上で，必要な配慮，環境構成についての要望を把握し，保護者とよく相談しながら，対応を検討していく。保育者には，保護者の思いや期待を傾聴することが求められる。

　保育の中では，子どもたちがともに育ちあう環境づくりを念頭に置きながら，必要な個別的配慮を行う。例えば，保育内容を考える際には，保育内容や展開の仕方についてどのような工夫や配慮をすれば，どの子どもも活動を共有し，豊かな経験ができるかを前向きに検討していくようにしたい。また，必要に応じて，保育者が連携して対応する，小グループごとの活動や個々に応じた

過ごし方など，柔軟な保育体制を工夫する。

　子ども集団の中では，障がいによる個別性について，子どもたちからさまざまな疑問を投げかけられることもある。保育者は，「違い」を隠したりごまかしたりするのではなく，子どもたちの理解に応じて誠意をもって説明する姿勢をもちたい。「違い」は一人ひとりみんなあり，それは「困ったこと」や「だめなこと」ではないこと。一人ひとりの素敵なところを互いに見つけ，困っているときはお互いに助けあうこと。このようなことを保育者が子どもたちに伝え保育の中で実践していくと，子どもたちは保育者のふるまい方，考え方をモデルにして，互いに認めあい助けあう子ども集団に成長していくだろう。

2）保護者への支援

　保護者は，これまでの医療機関・療育機関とのかかわりの中で，子どもの障がいについてはある程度認め，日常生活での対応の仕方や発達を促すかかわり方についての知識ももっていることが多い。子どもが集団の中でさまざまな刺激を受けながら育ってくれることへの期待感は大きい。一方で，療育機関に通う中では成長してきたと感じていたわが子の障がいについて，園の保育場面では発達の違いやうらやましさを強く感じることもあるだろう。また，子どもたちからわが子の障がいについて尋ねられたりして，つらい気持ちになることもある。

　保育者は，保護者の複雑な気持ちにより添いつつ，子どもが人として豊かな人生を送るとはどういうことかを障がいの有無にとらわれずにともに考えていきたい。また，保護者同士の相互理解や仲間づくりについても心配りをしたい。

3）保護者集団への対応

　障がいのある子どものためにクラス全体の保育がおろそかになるのではないか，保育内容がレベルダウンするのではないか，何かのトラブルが起きるのではないかなどのさまざまな不安が，保護者たちにはあるかもしれない。障がいのある子どもの受入れについて保護者たちに理解をしてもらうことは，障がいについての偏見を取り除くために，また，子どもたちがともに育ちあうことを目指す保育のあり方を理解してもらうために，必要不可欠である。

　保育者は，さまざまな子どもたちが一緒に園生活を送る中でみられたそれぞれの成長を伝えていき，どの子どもも大事に保育されていること，子どもたちがともに育ちあっていることを理解してもらうように努めたい。また，お互いが認めあい助けあう保育の輪に，保護者たちも加わってもらえるようにはたらきかけていきたい。

4）関係機関との連携

　障がいのある子ども一人ひとりの状況に応じた保育を実施するためには，家庭や関係機関と連携した支援のための計画を個別に作成していく。また，障がいのある子どもが他の子どもとの生活を通してともに成長できるよう，指導計画の中にも個別の配慮を位置づける。

　指導計画や個別の支援計画を立案する際には，医療機関や療育機関などの専門機関からの助言，指導の内容や日常生活における配慮や介助の工夫について確認する。例えば，衣服の着脱や排泄，食事の方法と内容，遊びや生活の中で積極的に取り入れたい活動，姿勢，身体の動かし方などについてである。また，環境の整え方についての配慮，保育上制限される活動の有無なども確認する。これらは入園時の他，その後も定期的に保護者と連絡を取りあい，子どもの成長に沿った内容を保育に反映させていくようにする。可能であれば，保育者が療育機関での子どもへの指導の様子を参観し，あるいは専門家に保育を参観してもらい，療育的観点からの助言が得られるとよい。

　医療・療育の専門家からの助言を保育に生かしていく際には，単に訓練の時間を個別にとるということではなく，発達促進のために必要な要素を含む遊びを保育活動の中に取り入れるなど，楽しい総合的な活動の中に発達促進の要素を意識して織り込み，子どもの人格形成と生涯発達の基盤となる遊びや生活を体験するという観点からもバランスのとれた保育となるように心がける。

　就学に際しては保護者の不安も大きくなる。保護者や関係する専門機関がそれまでの経過やその後の見通しについて協議し，また，就学相談の利用や特別支援学級・特別支援学校の見学なども行いながら，その子どもにとって最も適していると思われる支援のあり方を考えていけるよう，保育者は支えていく。

2 入園後に障がいの心配が出てきた子どもと家族への支援
─知的障がい，発達の遅れや偏りが懸念される子どもなど─

1）子どもおよび子ども集団への対応

　知的障がいや発達障がいの場合には，年齢が上がるにしたがって，発達上の課題があることが少しずつ気づかれることも多い。乳幼児健診などの機会に，同じ月齢の子どもたちの様子を目にしてあるいは医師などに指摘されて，保護者が発達の心配に気づく場合もある。また，乳児など低年齢から保育所に入所し，保育の中で保育者が保護者より先に発達の心配に気づく場合などがある。

　例えば，保育場面で，クラスでの活動の中でふざける，保育者の説明を聞き漏らす，まわりの子どもの様子を見ながら遅れがちに行動する，ルールのある遊びに入りたがらない，ルールのある遊びやごっこ遊びの中で思いどおりにならないと場を乱してしまう，集団活動で指示が理解できない，集団活動になじめないなど，「問題行動」として保育者に捉えられてしまう子どもの姿の背景に，子どもの認識・理解力の課題，注意力の課題などが隠れていないか，よく検討する必要がある。理解力はあるが情緒的な不安定さによるものであるのか，理解が難しいために活動に入れないでいるのか等，さまざまな要因を検討する必要があるだろう。

　配慮の工夫は，子どもがどこまでできているか，何を困っているかを探り，子どもにとって理解しやすい，受け入れやすい伝え方を工夫することである。例えば，注意を向けるきっかけとして，子どもの名前をそえつつ活動を始める合図をするなど，一声をかけてから話すようにする。視覚的な刺激の方が理解しやすいならば，手本を見せたり絵カードなどを示しながら一緒に確認をする。作業時には個別に一緒に手元を見せ合いながら，子どもにとってわかりやすい方法を探りながら説明をする，落ち着ける環境を用意する，などである。

　子ども集団への配慮としては，発達の心配のある子どもを問題児として扱うのでなく，子どもたちそれぞれの育ちつつある今の姿よさを認めあい，苦手なことへの参加の仕方を工夫し助けあうように，保育者が率先して実践していき

たい。「問題行動」は子ども自身が困っているから生じている。問題児として扱われたために人への基本的信頼感が失われ対人関係が悪化する，自己評価が低くなり活動への意欲を喪失するなどの二次的な障がいが引き起こされる危険性がある。保育者が「温かい関係」を基盤に接していると，子どもたちも「温かい関係」で仲間をつくっていく。

2）保護者への支援

　保護者は家庭で毎日繰り返される食事，入浴，就寝などの場面を中心に子どもとかかわっており，子どもも限られた繰り返される場面では混乱せず行動できていることが多い。また，保護者も子どもがかんしゃくやパニックを起こさないように子どもにあわせた生活の仕方をしている。そのため，乳児など低年齢で入園した子どもの場合，保護者は保育者ほど子どもの発達について心配の念を抱いていないことがある。ただし，買物など対外的な場面で，迷子になりやすく保護者を探さない，特定の人や道順，商品などに強いこだわりがある，いくつかの用事を一度に頼むとわからなくなってしまうなど，わが子へのかかわりで困ったりとまどったりしていることは多い。また，発達の心配をしつつも，その思いを否定したい気持ちもあり，他者からの指摘を拒否することもよくある。

　保育者と保護者の十分な信頼関係がないままに発達の心配だけを保護者に伝えてしまうと，保護者は保育者に対して拒否的な態度となり，かえって子どもに対しても厳しすぎや過保護等の偏った育児態度になりがちであり，親子関係が損なわれる場合もある。普段からの保護者との関係づくりが重要である。

　保育者は，まず，保育場面でのかかわりの工夫と子どもの日々の成長を伝えながら保護者との信頼関係を築いていく。そして，保護者の悩みを傾聴し，子どもの行動が年齢相応の行動なのか，発達の心配が隠れていそうか，一緒に検討していくとよい。発達の問題については保育者が直接指摘するのでなく，保護者が気になっていることを専門機関に相談することを勧める。診断は専門機関に任せ，保育者は保護者の気持ちに寄り添う。保護者が専門機関で発達の遅れや偏りを告げられた場合には保護者に寄り添いショックや不安をともに受け

止め，子どもの成長を一緒に考えていく役割に徹するようにする。

3）保護者集団への対応

　保護者たちは，特定の子どもの問題行動を不安に思い，ときには「あの子は○○症ではないか」などと根拠なく口にしてしまうことがある。しかし，保育者は子どもを診断したり，レッテルをはる人ではない。保育者は，障がいの有無にかかわらず，子どもたちがそれぞれの個性を発揮している場面や，子どもたちが育ちあう場面を見つけ，また意識してつくりながら，子どもの発達を援助する。一人ひとりの子どもを大切に保育していること，子どもたちがともに育ちあっていることを保護者たちに伝え，保護者との信頼関係を築いていきたい。また，保護者同士も温かく見守り助けあえる関係が築けるよう，橋渡しの役割を果たしていく。

4）関係機関との連携

　保育者は，必要に応じて関係機関の子育て・発達相談や，巡回相談などの利用を勧める。保護者として感じている子どもについての問題を手がかりに，市町村の発達支援に関する相談等を利用し，さらにその先で医療機関・療育機関などによる発達へのフォローへとつなげていくことも可能である。

　就学に際しては，保育の中で小学校の生活に向けて子ども自ら SOS を出せるように経験を重ねる。また，保護者に就学相談や就学支援シート等の利用を勧め，小学校との連携を進めていく。

2——要保護児童への対応

1 保育者としての要保護児童のケースへの対応とは

　表題の対応としては，児童虐待等の要保護状態の早期発見，通告，関係機関との連携，支援，の4つの役割がある。保育者は，毎日の保育の中で子どもの健康観察を行っているが，その中で，虐待等の兆候についても，きめ細かに観察し，虐待を早期発見し対応していくことが求められている。日頃から保護者

とのコミュニケーションを図り，保護者と子どもとの関係に心を配り，子どもの心身のケアの機能とソーシャルワークの機能を念頭において，関係機関との連携のもと，子どもの最善の利益を重視して支援を行うことが重要である。

2 虐待の心配がある子どもとその家族への支援

1）見守る―虐待傾向の兆しを見つける，子どもの安全確認をする

　まず，日々の保育の中で子どもの心身の状態，養育の状態について，保護者や家族の日常の生活や言動と合わせて，きめ細やかに観察していくことが虐待の早期発見のために重要である。虐待の兆候の例は，次のとおりである。

---

　①　子どもの身体の状態

低身長，やせている，身長・体重の増加があまりみられない等の発育障害や栄養障害，不自然な傷・火傷・骨折，繰り返される内出血，始終ジュースや飴など甘い物を与えられていることによる虫歯の多さ等。

　②　心や行動の状態

脅えた表情，暗い表情，笑いが少ない，泣きやすい，言葉が少ない，活発でない，多動，極端に落ち着きがない，だれかれとなくべたべたしたかと思えばすっと離れる，かんしゃくが激しい，乱暴，食欲不振，過食，極端な偏食，等。

　③　不適切な養育状態

歯磨きや入浴をしていない，汚れても同じ服を着ているなどの不潔な服装や体，季節に合わない服を着ている，予防接種や医療を受けていない，等。

　④　親や家族の状態

子どものことを話したがらない，朝食をきちんと摂らせていない，子どもに対する拒否的，あるいは厳しすぎる態度，子どもの傷や遅刻，欠席についての不自然な説明，不規則な登園時刻，長期の欠席，等。

2）保育を通して子どもとかかわる―安全基地としての保育所

　不適切な養育，あるいは虐待をされている子どもにとって，園は子どもの成長にふさわしい環境と人とのかかわりの中で，安心して過ごすことのできる安全基地であり，家庭生活で損なわれた健康，自己肯定感，自信，人への基本的信頼を回復していく場ともなる。保育者は，不適切な養育の状況を経過観察す

る役割だけでなく，園が子どもの幸せを守る砦^{とりで}，安全基地として機能するように，子どもの気持ちを受け止め，温かく接していく必要がある。衛生や栄養状態などにも心を配り，子どもの心身の健康をケアすることが重要である。

　不適切な養育や虐待を受けている子どもは，情緒的不安定さ，人にしっかり向き合い受け止めてもらうことの少なさによる人への不信感などから，集団保育の中で「問題行動」と捉えられやすい行動を取ることもある。背景にある子どもの複雑な思いを受け止め，「あなたもかけがえのない大事な子どもである」ことを伝え，信頼関係をつくっていくことが心理的ケアの第一歩となる。

3）保護者との信頼関係を築く

　保護者自身が心身の状態や経済状態，家庭内の人間関係，子どもとのかかわり方についての悩みがあるなど，保護者が何らかの困難を抱えていて，それが親子関係に強く影響を及ぼしていることは多い。

　保育者は気になる養育態度をとっている保護者とコミュニケーションをとる必要があるが，実際には，それは容易なことではない。保護者が保育者と話すことを避けがちである，または，子ども以外の話題では話をしても，本題である親子のかかわりについて話すことは避けられてしまうこともある。

　まずは，保護者との会話の糸口を見つけることである。直接子どものことを話さずとも，挨拶に加え，保護者の服装・髪型などの変化をほめるなどから始めてもよい。保育者が温かく受け止めてくれていることを感じると，保護者は少しずつ心を開いてくれるだろう。不適切なかかわりを指摘する前に，まず，保護者が困っていることについて聞き出し，その思いを受け止めていくと，より適切な対応を提案していくことも可能になる。「子どもをかわいく思えない」などの訴えにも，そのことを話してくれた勇気に感謝し，否定せず，非難せず，その思いを受け止めていく。安心して心のうちを語る中で保護者は保育者への信頼感をより強くしてくれるだろうし，保護者の心の中の健康的な部分も育っていく。そして，よりよい親子関係を育てていくことにつながっていく。

4）親子関係の発展を支援する

　保育者は，日頃から，子どもの現在の育ち，保育の中でみられた姿，発達の

特徴，興味・関心のありかなどを保護者に伝えながら，よりよい親子関係に向けての橋渡しをし，また，保護者のさまざまな悩みにも耳を傾け，受け止めていくようにしていく。

　子どもだけでなく保護者自身も自己肯定感が低いことが多い。保育者が子どものよいところや成長を伝えても「家での様子はそうでない」と否定する，かかわり方のモデルを保育者が示しても「私はできない」と子どもへの苦手感情をかえって募らせる，あるいは，保護者が心身の状態が万全でなくこれ以上何かを求めることは無理そうであるなど，親子関係の改善がなかなかうまく運ばないこともある。保育者は，保護者の子どもへのかかわり方の適切なものを見つけ，子どもが喜んでいることを伝えながら保護者をほめ，よいかかわりを意識化し印象付ける。これによって子どもとのかかわり方を具体的に学び，自己肯定感が高まり，より適切なかかわりが促されることが期待できる。

③ 関係機関との連携をとる

　保育所や保育者等の対応では不十分，あるいは限界があると判断される場合には，関係機関との連携が必要である。

1）現状を把握，記録する

　保護者による子どもへの不適切なかかわりが疑われる場合，また，実際に不適切な養育や虐待の存在が明らかになった場合のいずれも，保育の中で観察された子どもの心身の状態，養育の状態，保護者や家族の言動などを記録し，現状を把握する必要がある。その際，「確認された事実」と「推測」を区別して記録し，根拠のはっきりしない「憶測」は控える。

　日々の記録とその振り返りを通して，保育者は子どもの様子や養育状況の急激な変化はもとより，長期にわたる少しずつの変化にも気づくことができる。また，虐待のおそれがあることを通告するときや，要保護児童対策地域協議会など関係諸機関と連携を取っていくときに，日々の記録は，子どもがおかれている状況について第三者と情報を共有し対応を検討する際の，大切な資料となる。

２）通告をする

「児童虐待の防止等に関する法律」では，虐待に関する通告義務の対象は「虐待を受けたと思われる児童」とされ，保育所や保育士等にも課せられている。

虐待が疑われる場合には，疑いの段階であっても，市町村の福祉課（福祉事務所）や児童相談所に電話でもよいので通告する。保護者との関係悪化を懸念して園からの通告を組織としてはできない場合には，子どもの安全を優先する立場から，一保育者として通告する方法もある。通告は匿名でもよい。

３）保育者の立場から子どもを守る

保育者は，毎日の保育を通して子どもの心身の健康を守り，継続的に子どもや保護者とかかわることができる立場にある。

毎日の保育を通して，よりよい親子関係のために子どもと保護者との橋渡しをする。子どもが園にいる時間は，子どもの命と健康を守るためのケアと，子どもが人への基本的信頼感や自己肯定感をもてるようカウンセリングマインドに基づいた心理的ケアを行っていくことが重要である。また，子どもの状況に心を配り，子どもに危険があれば関係機関と連携しながら対応を図るソーシャルワークも行う。このようなさまざまな領域において求められる保育の専門性の質を高めていくためには，園内外の研修は不可欠である。

虐待を受けている子どもは，自分が悪いからこのような目にあうのは当然だ，あるいは，親が大変な状況だから自分が我慢するのが当然だ，と思い込んでいることが多い。子ども自身は「子どもの最善の利益が尊重される」などの子どもの権利の存在はおろか，どこの誰に向かって苦境を訴えてよいかもわからず生きている。保育者には，子どもの内なる声に耳を傾け，子どもの権利擁護のために子どもに代わり発信していくという「アドボカシー（代弁，権利擁護）」の役割もあることを忘れてはならない。

４）スーパーバイズを受ける機会をつくる

園で虐待のおそれがある子どもが発見されると，多くはまず園内での会議などで対応が検討される。そして，虐待が明らかである場合には，市町村の要保護児童対策地域協議会や児童相談所など，関連機関と連携し対応を検討する。

複数の機関や職種による多面的な状況分析や対応策の検討は，問題状況の全体像をつかみ，長期的な視点に立って支援していくための大事な作業である。

　園内で独自に対応をとり，保育者の保育内外のさまざまなフォローによって，子どもの命が守られている場合もあるだろう。保育者の注ぐエネルギーは並大抵のものではなく賞賛に値するが，通常の保育に加え目の前の親子への対応で手一杯で余裕がなく，その対応の仕方でいいのか，他に方法はないのかなど，迷いつつ日々が過ぎてしまうおそれもある。ぜひ，虐待対応に関する研修や要保護児童対策地域協議会への参加などを通してスーパーバイズを受ける機会をつくり，適切な対応のあり方とその方法について検討する機会をもちたい。

4　保育者間の連携を密にする

1）問題を保育者集団で共有する

　もしあなたが子どもの不自然なアザに気づいたら，本当に虐待が存在するのか，どう確認し対応したらよいのかと迷うかもしれない。状況をより正確に把握し適切に対処するためには，多くの人の目で観察し，その情報を共有し，検討していく。一人で抱え込まず，クラス担任の垣根を越えて保育者間の連携を普段から密にし，主任や施設長にも報告する。子どもや保護者，家庭の状況などについての情報を十分に共有することが有効である。そして，保育者や関係機関など多方面からのアプローチによって保護者との信頼関係を築くルートを確保する。それが子どものSOSをキャッチする命綱ともなる。これは，あくまでも，園内あるいは関係諸機関内での集団的守秘義務に基づいた情報共有であり，対外的に守秘義務を順守することは当然である。

2）保護者対応を役割分担する

　保護者への対応には，保護者の気持ちを受け止める，子どもについて理解してもらう，暴力などの方法によらない子どもへのかかわりを学んでもらうなど，さまざまな要素が求められる。しかし，保護者に共感しつつ，一方で暴力などの不適切なかかわりをやめるように伝えるなどの相反するはたらきかけを，一人の保育者で行うことはとても困難である。このような場合，保育者間

で保護者への接し方の役割を分化するという方法もある。例えば，園長や関係機関が「子どもへの暴力をやめるよう指導」し，担任保育者が「子どもの日常の様子を伝え」，主任が「傾聴し保護者の心情を受け止める」といったような方法である。あくまでも役割を分化するのであり，保育者はそれぞれの立場で得られた情報を共有し，連携しながら保護者に対応することが重要である。

3）一人で抱え込まない―メンタルヘルスの重要性

日常の保育を行いながら虐待等の要保護児童の問題に対応していくことはとても大変で，保育者自身もつらい思いをし，先が見えない無力感にさいなまれることが多い。いくら愛情があっても長続きせず，燃え尽き症候群になってしまうおそれがある。一人の保育者で対処できることには限界がある。保育者自身のつらい思いを共有する，あるいはケースの対応をともに考える人の存在は必要不可欠である。話を聞き共感してくれる保育者仲間の存在や，先輩保育者からのアドバイス，専門家によるスーパーバイズやカウンセリングなどの活用が重要である。

3——さまざまな形の家庭への支援
―ひとり親家庭，再婚家庭など―

1 ひとり親家庭，再婚家庭（ステップファミリー）の悩み

離婚の増加により，ひとり親家庭や再婚による家庭も増加している。

ひとり親家庭の場合，死別であれば，子どもは親を失った喪失感はもちろん，その前後には祖父母や親戚に預けられるなど生活の基盤も不安定であることも多い。保護者も配偶者の看病などを必死に行う一方，子どもの養育や将来への不安も迫ってくる。親子ともに生活や情緒的基盤の揺らぎによる不安感，ストレスは計り知れない。また，離婚など生別によるひとり親家庭では，子どもは両親の仲たがいの場面をたびたび目にし，父母それぞれに複雑な思いを抱く。親は，自分の出した離婚という結論が子どもにとってよい選択であったの

かと，後悔の念にさいなまれることもある。

　ひとり親家庭となり新たに生活をスタートさせる中で，家族の中では家事分担や情緒的サポート関係の再構築が行われるが，その過程では情緒的混乱や試行錯誤が繰り返され，そのストレスは親子ともに大きい。

　再婚により新しい家族を形成したものは，ステップファミリー（子連れ再婚家族）とも呼ばれる。この場合，新たに父，母，子の関係を構築していくことになるが，一緒に住めばすぐに親子の絆ができるのではない。子どもが新しい親になかなかなつかない，なかなか父や母と呼んでくれない等は，再婚した保護者からよく聞かれる悩みであるが，これは子ども自身も情緒的混乱，悩みの渦中にあることを表している。また，子どもを連れて再婚した保護者は，新しい配偶者への遠慮や，新しい家族を何とか壊さずやっていきたいという思いから実子への対応が厳しくなる，あるいは，この子の血のつながった家族は私だけ，とわが子を不憫に感じ，つい甘く接してしまうなど，新しい家族への意識が親子関係にも大きく影響を及ぼしやすい。一方，子どもの新しい親となった保護者には，父や母の役割をしっかり果たさなくてはという焦りが起きやすい。また，前の親と子どもとの関係，新旧の祖父母との関係など，親子が対応すべき関係は複雑で数多い。しかも，ステップファミリーの場合，一見ありふれた父，母，子のそろった家族のように見えるので，そのような複雑な関係の中で親子が悩みつつ過ごしてしていることが，外部の人間にはわかりにくく，問題や悩みを家族以外の人と共有しにくい，という面がある。

② 子どもおよび子ども集団への配慮

　ひとり親家庭やステップファミリーの子どもは，家庭という生活および情緒的基盤が不安定で家族関係や家庭生活の再構築の渦中にあり，子どもなりに家族の一員として頑張っている状態にあることが多い。「困った行動を起こす」，「おとなしすぎる」，「いい子として頑張りすぎ」，などの子どもの姿は，子どもの情緒的不安定さ，ストレスの多さからくるものかもしれない。

　このような子どもにとって，園は，子どもの生活や情緒を支える重要な場と

なる。園の落ち着いた毎日の生活の中で安心して過ごすことができ，また，あるときには子ども集団の中で自分の思いを素直に表現でき，それを受け止めてもらえることが，子どもには必要であろう。

③ 保護者および保護者集団への支援と配慮

どの家庭でも親子がうまくいかない場面や子育てについて両親の意見やかかわり方にズレが感じられる場面が多々ある。しかし，ステップファミリーやひとり親家庭では，その家庭の複雑な事情ゆえに子育てがうまくいかないように感じ，保護者は余計に不安やつらさが増してしまうこともある。また，先に述べたように，ひとり親家庭やステップファミリー独特の悩みもある。

保育者は，保護者たちに共通した悩みについては，積極的に共有する機会をつくり，特定の保護者が孤立感を深めることのないように配慮したい。また，個別性の強い悩みについては，個々にその思いを受け止め，今，保護者や家族が自分自身や子どものためにできていることを認め励ましていく。保護者が子どもを受け止められる余裕ができるよう，保護者自身の情緒的なサポートをする，子どもとの接し方や家事についての具体的な知識やスキルを伝えるなど，日々の保育を介したやり取りの中で，少しずつ長期的に支えていくことが重要である。これは，相談機関では十分にはできないことであり，家族とともに日々伴走する保育者であるからこそできることなのである。

4——多文化化への対応

① 外国につながる子どもや保護者の悩み

グローバル化は保育の現場にも大きな影響を与えている。海外に長期滞在する日本人も，来日する外国人の数も，国際結婚も増加している。現在日本に住む外国人は，韓国・朝鮮，そして中国，ブラジル，フィリピンの他，ベトナム，ネパール，インドネシアなど多国籍化が進んでいる。これに伴い「多文化

化」も進行している。日本に現在いる外国につながる子どもたちは，外国人の両親とともに来日したケースに加え，保護者の双方または片方が外国籍であるケースが増えてきている。日本で生まれ成長する子ども自身が日本国籍であっても，例えば，保護者の片方が外国籍であり，家庭の言語や文化的背景は複雑で，多文化の中で生活している，等の場合もある。

　このように，言語的・文化的配慮が必要な子どもたちは確実に増えており，日本の保育のあり方や保育者のかかわり方に多文化への配慮は重要である。

　単に家庭から保育機関に移行する場合でも，子どもは物理的環境，社会文化的環境，対人的環境，の3つの環境への適応が必要である。異なる文化圏の保育機関に入園するときには，さらに，新しい言語への適応と新しい生活習慣への適応が必要になる。家庭で使用される言語・文化が園とは異なる，あるいは複数の言語・文化が家庭で使用されているなど，発達の途上で言語的・文化的環境が複数存在する場合，子どもは情緒的混乱，言語的混乱による自己表出やコミュニケーションの困難，生活習慣や求められる価値観・行動様式の違いによる混乱など，多くの混乱を経験しやすく，それが園生活や仲間関係でのトラブル等の背景にある可能性が大きい。

　外国籍の保護者は，自らも言語や文化に慣れない中で子育てをする不安，保育者や保護者間のコミュニケーションの難しさ，生活習慣の違いなどにとまどいも多く，孤立感を抱いていることが多い。ある程度日本語を話すことができる保護者であっても，事務的なやり取りは可能でも，悩みや不安感などを日本語で表現することはなかなか十分にできないことが多いのである。

　外国籍の配偶者を持つ日本人の保護者の場合には，自分自身の生活や仕事に加え，配偶者のために園からのおたよりなどの内容を訳して伝える，周囲の人々とのコミュニケーションの仲立ちをするなど，通常の子育て支援に加え，心配りを要する。

2 子どもおよび子ども集団への配慮

　保育の場面では，一般の子どもが入園してきたときのように，その子どもが

保育者に受け止められ，園生活に慣れ，子ども集団に受け入れられるように心配りをすることに加え，子どもが日本の言葉や文化を理解していけるよう配慮する必要がある。子どもが園や仲間になじんでいく過程では，情緒的に受け止められる体験が重要である。また，協同活動の中で子どもの居場所が子ども集団の中にでき，それと同時にコミュニケーションが必要となり，その中で言語使用が促進され，言葉も習得していくという予測もなされている。

　多文化の中に生きている子どものとまどいを保育者は常に心に留め，さまざまなトラブルの原因を短絡的に「この子はわがまま」などとその子どもの個人的資質のせいにすることは慎まなければならない。また，保育者や子どもたちの中に，なじみのない文化に対する偏見や日本に同化することを当然と感じる思い込みが存在することもある。保育の中で「困ったこと」を子ども個人の資質や文化の違いに帰して終わらせるのでなく，このことを貴重なチャンスとして，乳幼児期から子どもたちや保育者の中に，偏見にとらわれない多様性を尊重する人間を育成する教育，すなわちアンチバイアス教育を進めていくことが重要である。乳幼児期から互いの違いを認め多様性を尊重するという経験は，その後の心のバリアフリー，ノーマライゼーションをごく当たり前と感じる基礎体験となるであろう。同時に，子どもの母語や文化の尊重も重要である。

③ 保護者および保護者集団への支援と配慮

　外国籍の保護者への支援としては，1つは，いずれの文化も尊重する態度でかかわり，保育の中にもその考え方を生かしていくことがあげられる。お互いの文化について体験的に学び合えるワークショップなども有効である。

　2つめに，日本語理解への対応である。園からの書類が読めない，保育者の言っていることがわからないことによる情報の不足や行き違いも起こりやすく，地域社会や保護者集団の中での言葉の不安もある。例えば，書類やおたよりの見出しだけでも日本語と外国語を併記したり，イラスト入りで説明したりすると，何についての書類か見当をつけることができる。

　3つめは保護者との笑顔でのコミュニケーションである。園の送り迎えなど

の折に挨拶や簡単な会話を心がける。子どもと保護者へ保育者が笑顔で接することで，言葉が通じなくとも安心感が生まれる。保護者の不安の軽減は，子どもの情緒的安定につながる大事な要素である。また，子どもの日本語習得に伴い子どもが媒介することで保護者の日本語理解が進むことも期待できる。

　4つめは，保護者の仲間づくりへの対応である。保護者間での仲間ができれば，保育者がすべてをフォローしなくとも，保護者仲間で助けてくれることも可能である。そのためには，異文化への偏見をなくし互いの文化を認めあい尊重しあう考え方を，子どものみならず保護者にも伝えていくこと，保護者同士が協同活動の中で作業を通して触れ合えるような場を用意することもよいだろう。

●引用・参考文献

・大場幸夫，民秋言，中田カヨ子，久富陽子：外国人の子どもの保育，萌文書林，1998
・厚生労働省：保育所保育指針，2017
・春原由紀，土屋葉：保育者は幼児虐待にどうかかわるか，大月書店，2004
・総務省：多文化共生事例集～多文化共生推進プランから10年　共に拓く地域の未来～，2017
・野沢慎司，茨木尚子，早野俊明，SAJ編著：Q & A ステップファミリーの基礎知識，明石書店，2006
・法務省：在留外国人統計　統計表（http:www.moj.go.jp/housei/toukei/toukei_ichiran_touroku.html/）
・武藤安子，上原貴夫編著：発達支援，ななみ書房，2007
・武藤安子，吉川晴美，松永あけみ編著：家族支援の保育学，建帛社，2006
・山田千明編著：多文化に生きる子どもたち，明石書店，2006
・義永睦子：「現代社会の課題と保育者」，榎沢良彦，上垣内伸子編著：保育者論，同文書院，2004
・義永睦子：「第8章　保育の場における実践力Ⅲ」，小原敏郎，神蔵幸子，義永睦子編著：保育・教職実践演習〔第2版〕，建帛社，2018
・J.ゴンザレス・メーナ（植田郁，日浦直美訳）：多文化共生社会の保育者，北大路書房，2004

第9章 子ども家庭支援のための ソーシャルワーク

1——ソーシャルワークの実践方法

1 ソーシャルワークの視点

　乳幼児期の子どもが自己実現できて幸せに生活できるように，そして，大人になったときには自分の幸せを自分でつくり出せるように，子どもの育ちを支え，保護者の養育力を向上させ，社会にはたらきかけるのが保育の役割である。保育者は保育時間に目の前にいる子どもと共に生活し遊びを通して教育していくが，子どもの育ちを安定的に保障するためには，家族や家庭，世帯の状態を調整したり，他の専門機関と連携して課題を改善したりすることがある。

　必要とされるスキルは多岐に及ぶが，重要な1つがソーシャルワークのスキルである。保育によって子どもの育ちが安定的に保障されるよう，ソーシャルワークについて学び，考え方と技術を獲得してほしい。

2 ソーシャルワークの原則

　保育で一義的に求められるのは，子どもと直接かかわることである。そのかかわりとは，子どもの育ちを保障し得るかかわりである。そこにはまず，子どもを一人の人格として尊重する必要がある。そして，適切な保護のもと子ども自身が保育に参加できていること，つまり，子どもの育つ力や子ども自身の意思が活動に反映されていることが重要である。指導計画策定の際は，実践のすべての場面でこのことが実現されるように留意する。そして，必要な環境として保護者や世帯を捉え，保育室の環境を整えるのと同じように子どもの養育環

境が整うよう世帯にかかわり，支援していく。その支援は日々のかかわりであり，保護者が養育力を発達させ子どもの最善の利益を保護者自らが選択できるように支えたり，促したりする。こうした対人援助では，支援者の思いが優先されたり，対象者が依存的になってしまったりすることもある。それを防ぐために支援者として保育者が心得ておくべきこととして，以下に「バイスティックの7原則」（表9－1）を紹介する。

表9－1　バイスティックの7原則

①　個別化の原則
②　受容の原則
③　意図的な感情表出の原則
④　統制された情緒的関与の原則
⑤　非審判的態度の原則
⑥　自己決定の原則
⑦　秘密保持の原則

③　「バイステックの7原則」を実践で活用する

1）個別化の原則

　保育者からみれば似たような課題や不安を抱えている保護者に出会うことはよくあることかもしれない。しかし，個人にとってはその困りごとは今まさに自分を悩ませる唯一の出来事であると感じていることが多い。ゆえに，よくある不安であっても，保護者に対して「よくあることです」「そういう悩みをもつ人は多くいます」と返答するのは不適切である。保護者自身に解決に向けた力が湧いてくれば，「同じような悩みを抱えている人の話を聞きたい」という表出があるので，それまでは控えるべきである。そして「子育て中にはよくあることですよ」「1歳児はそうやって自分中心なので親はイライラするものですよ」といった返答は，「子育て中の人」「1歳児の親」を対象としていて自分自身のことを見つめてくれていないという印象を保護者に与えてしまう。まずは，その個人に生じたその出来事や悩みを他と比較したり系統立てたりせずに耳を傾けることに努めたい。

2）受容の原則

　困りごとに対する困難の程度や問題が生じたときの感じ方は人それぞれである。その人がその問題をどう捉え，どのように困っているのか，まずはその人

の感じ方に耳を傾けよう。

3）意図的な感情表出の原則

　個人に生じている感情は，それが負の感情であっても表出できるようにしたい。保護者の感情に合わせるようなうなずきや表情で応じるようにすると，負の感情を表出しやすくなるであろう。

4）統制された情緒的関与の原則

　保育者は保護者に寄り添い受容するが，感情移入していけない。保護者の話に傾聴しているうちに保育者自身の経験と重なる部分に感情が動き，ピアな（仲間的な）関係になってしまうこともある。支援の手段としてピアヘルプのような立場を用いることはあるが，それは意図的に行うことであって，感情移入していつの間にかそうなっているということは避けたい。保育者として自分の感情の動きには敏感であるとよい。

5）非審判的態度の原則

　保護者個人の話に対して，良し悪しを決めたり，改善したか否かを伝えたりするのは不適切である。保護者は判断や判定をしてほしいのではないし，判定などできない。保護者の変容は感じ取りながらも，審判しない言動で話に耳を傾けるようにしたい。

6）自己決定の原則

　保護者は悩んだり迷ったりしているかもしれないが，自分がどう在りたいか，どう行動するかはその人本人が決めることである。これまでのプロセスをまとめたり，相談者の気持ちを代弁したりしながら，保護者自身が主体的に決められるようにサポートしたい。

7）秘密保持の原則

　相談にかかわることで知り得たことすべては他に話さないことが前提で，保護者は安心して相談し，自己開示している。それは保護者との約束事であるので，裏切られたといった感情を保護者に抱かせてはならない。ただし，それを個人情報として保護する目的で，保育者個人が一人で保持していても支援はできず，個人に不利益が生じることとなる。個人情報の保護は，その個人に不利

益が生じないように適切に扱うことを指すのであるから，適切に共有しネット
ワーキングして支援を展開すべきである。もちろん，支援に必要な情報を共有
する際は，慎重に進めなくてはならない。

2——ソーシャルワークのプロセス

　支援をスタートするようになってからそれを終了するまで，ソーシャルワー
クには一連のプロセスが存在する。

1　援助の開始期

1）インテーク

　インテークは初回面接を指す。初回面接をいつに定めるのかが重要なポイン
トとなる。実際に入園したときをインテークとするよりも，親子に初めて出
会ったときをインテークと定めた方が後の支援には有効である場合が多い。

　親子に初めて出会うタイミングは一般的には園見学であろう。園見学に来た
段階では，他にもいくつもの園を見学しているであろうし，まだどの園にどの
ような順序で入園の希望を出すかも迷っている段階かもしれない。しかし，園
見学では保護者側から個人情報を取得することが可能であり，保護者の氏名，
電話番号，住所，子どもの名前，生年月日などの情報はごく自然に得ることが
できる。さらに，初回面接に要する時間と同じくらいの時間をかけて子育ての
様子について希望を聞きながら説明を進めることとなるため，園見学という目
的でありながら保護者の子育てに対する考え方や実際の子育ての様子を聞き取
ることができる。さらに，子どもと一緒に見学をすることも多いため子どもの
育ちの様子や親子の関係性を見ることもでき，十分なインテークとすることが
できる。この時点をインテークと定めて記録をしっかりと取っておき，入園し
た場合には，この記録をその後の支援に活用しよう。ただし，インテーク面接
であることを親子には感じさせずに，あくまでも園見学という枠組みでラポー
ル（信頼関係）を形成することが重要である。

2）アセスメント

　子どもや世帯の現在の状況，状態を客観的に評価して状態を把握することを指す。保護者との日々のやり取りでは，主観的な情報が多くある。会話や連絡帳などは，子どもの状況を記録したり伝え合ったりするものであるが，ほとんどは主観的な情報である。そのまま受け止めてやり取りしながらも，客観的に評価をして実態の把握や，保護者の主訴と実態とに差異があるならば，その差異の理由までも分析しながら，子どもや保護者の状態の把握に努めなくてはならない。アセスメントでミスをすると，支援の計画を誤ることとなり，ケースによっては世帯の状態を悪化させたり，子どもに不利益が生じてしまうおそれもあるため，アセスメントミスは避けなくてはならない。

　アセスメントミスを防ぐために，アセスメントは複数の保育者で実施する必要があり，その際にはケースの状態を可視化するとよい。可視化の手段として，ジェノグラムエコマップが有効である。ジェノグラムは家族相関図，エコマップは社会資源など子どもを取り巻く環境の相関図であり，ジェノグラムエコマップは，家族相関図に社会資源を書き加えたものである。世帯の状況や支援の進展などにより変容する実態を常に書き加えていき，そのケースの状況とそれまでの支援プロセスとがひと目でわかるようにすることで，組織内の連携や他機関とのネットワーキングもスムーズになる。ジェノグラムエコマップの書き方は組織によって多少の違いがあるが，ここでは凡例を見ずとも多くの保育者が理解できるシンプルな書き方を紹介する（次頁参照）。ポイントは記号を増やしすぎないことである。記号の使い方をマスターすることに注力する必要はないからである。また，保護者との会話はさまざまな場所でなされ，アセスメントに必要な情報を得る可能性が常にあるため，短時間でどのような場所でも高い自由度で記録ができる手書きが推奨される。

3）プランニング

　計画を立てることを指す。アセスメントができたならば，次は実際の支援計画を立てることになる。保育の中では，0，1，2歳は個別の指導計画を立案する必要がある。3，4，5，6歳ではクラスに1つの指導計画を立てるが，

ジェノグラムエコマップの例

〔作成のルール〕

① 凡例

　・男性□　女性○　不明など△　※□○△の中に年齢，主訴者や主人公は二重

　・同居家族を囲む　※死亡や離婚などの取り消しや消滅は×

　・詳細は文字を添える。

② 客観的な確認がとれていないものは波線で書く。

③ 頻繁に加筆や修正をするため，その都度作成年月日を書き込む。

④ 加筆や修正は色を変えるか，それまでのジェノグラムエコマップをコピーしてそこに加筆や修正をするなどして，変容のプロセスを明確にしておく。

⑤ エコ，つまり，社会資源はネットワーキングの進捗状況にかかわらずすべてを書き込んでおく。

⑥ 社会資源のうち，なんらかのネットワーキングが実現できている場合は，担当者氏名を書き込む。

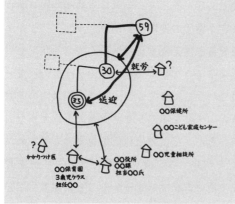

【20××年×月×日　○○役所○○課
○○氏より　記入○○】

・子ども 3.5 歳，3 歳児クラス入園
　女児，アレルギーなし

・母親　ひとり親，就労，30 歳

【20××年×月×日面接　記入○○】

・入園の面接　母と母の実母

・送迎は母の実母 59 歳が手伝う予定
　→ 実際に送迎

・普段から遊びに来て手伝ってくれる → 子からも聴き取りあり

合理的配慮*¹ が必要な子どもの場合，6 歳であっても個別の計画を立案する必要がある。

─────────────

*1　合理的配慮：「障害者の権利に関する条約」においては，「障害者が他の者と平等にすべての人権および基本的自由を享有し，または行使することを確保するための必要かつ適当な変更および調整であって，特定の場合において必要とされるものであり，かつ，均衡を失したまたは過度の負担を課さないものをいう」と定義される。

　年度の途中での切り替えは混乱するため，3，4，5歳児はクラスの指導計画を，0，1，2歳児および合理的な配慮が必要な世帯には個別の指導計画を立案するのが一般的である。ここでいう合理的な配慮は，子どもの個性への対応だけでなく，世帯の養育力や保護者の課題なども対象とする。

　保育者が立案する保育の計画は，「保育所保育指針」により，全体的な計画，および長期の指導計画と短期の指導計画，個別の指導計画とされている。保育は養護と教育を一体的に提供することを特色とするため，これらの保育の計画では，「2領域」「5領域」に加えて，「食育」「世帯への支援」といった項目ごとに，具体的な実践の行動計画を書き込んでいく。別の書式に支援計画を策定する必要はないため，個別的な指導計画で網羅することが重要である。

　例えば，排泄の自立に関して園で積極的に進めていく期間を思い浮かべてほしい。いわゆるトイレトレーニングを始めるときのことである。保護者とともに進めていくことで成果が出やすいため，保護者に対してこちらから要請することがいくつか出てくる。しかしまずは，子どもの育ちと世帯の様子をアセスメントする。子どもの発育・発達はトイレトレーニングにふさわしい状態か。保護者の養育力はどのような程度か。おもらしすることをひどく嫌悪するならば，その要因は何か。親自身の個性として強い潔癖があるのか，一時的に仕事が忙しいのか，家事一切を一人でこなしているのか，その理由によって，つまり，アセスメントの結果によって，支援の方法，つまり，指導計画は異なる。子ども自身に無理をさせず，肯定的な実感を損ねることなく排泄の自立することが目的である。その目的を果たすためには，保育時間での保育に加えて，家庭への支援が欠かせない。それらが1つの指導計画に立案されていれば，保育者間で支援が指導計画として共有しやすく，保育実践が整えられていく。

2 援助の展開期

1）介　　入

　プラン，つまり指導計画に基づいて実践をすることを指す。保育は24時間を単位とするため，指導計画が対象とする時間帯は必然的に24時間となる。

子どもの保育時間は各世帯で異なるため，家庭で過ごす時間の長さも異なる。保育時間が短い子どもは家庭で過ごす時間が長くなる。保育者にとって保育時間は，支援の環境が保障されているため，世帯の支援課題によっては保育時間を長くする対応をとることも介入といえる。もちろん，指導計画に立案されていることが前提である。

2）モニタリング

　指導計画に基づいて実際に介入を始めると，指導計画と実践とのギャップを感じることは少なくない。日々の保育は非常に具体的で詳細な配慮が必要であるのにもかかわらず，プラン，つまり指導計画に具体性が欠けていたことに気づくわけである。また，子どもの体調や家庭の様子が日々変容することも多く，プランが実態とずれていることもあろう。その際すぐに指導計画を修正して，介入がずれていかないようにする必要がある。指導計画に具体性が欠けていると，実践の選択肢がいくつもあり，その都度その場で実践者が判断をして介入していることも増えてくる。保育者の臨機応変な力量が問われそうな事態ではあるが，まさにこれが，不適切なかかわりを生む要因でもある。その際に自分がどのような選択をしたのか保育日誌にしっかりと記入をしモニタリングをして選択の方向性を見極めていくことに使っていく必要がある。実践の様子だけでなくその記録を複数の保育者で検証し，再度アセスメントをし直し，プランを修正することがすなわち，モニタリングである。

　例えば，保護者のライフイベントにより家庭の状況が大きく変容するような場合においては，頻繁にモニタリングをする機会がある。カンファレンスや会議の中でのケース検討会などがそれに当たるはずである。その際に家庭の状態や支援の様子の日々の詳細な変容が共有されていなければライフイベントが大きく変わったということの伝達だけにとらわれてしまい，なぜそのライフイベントに至ったのか，そのライフイベントに対する保護者の考え方はどういったものなのか，キーパーソンがどのように変わっていくのか，子どもの状態はどのように変容してきているのかといった情報を加味せずに，その時点での実践のみについてカンファレンスが実施されてしまうおそれもある。

　専門職は保護者や子どもに課題が生じたときに支援が必要であると考えるのではなく，子どもや保護者の生活は支援者と出会う前からそこにあって，この先もずっと続いていくという非可逆的な時間の流れの一時点に過ぎないと捉え，伴走するようにして支援するということを自認しておく必要がる。支援したつもりでいたり，支援者主体の支援になっていたり，保護者だけのための支援になっていたりすることのないように，介入をモニタリングする。モニタリングは何度も継続的に実施される必要があるし，モニタリングをした結果，プランに修正が必要であることは多く見受けられる。その際には色を変えたペンでプランに加筆，修正をしてモニタリングのプロセスも残しておくと支援スキルの構築にも有効である。

③ 援助の終始期

1）評　　価

　支援が始まれば必ず終わりがあるし，支援には終わりをつくる必要がある。保育に求められている支援は，子どもと世帯に伴走する継続的な支援であるので，18歳までを見据えている。ゆえに，ここでいう「支援の終わり」とは，短期の指導計画，つまり月間指導計画の月末に実施する「評価」のタイミングと考えてもよい。子どもや保護者への支援は月間指導計画でスモールステップに立案されているはずであるから，その1ステップごとにモニタリングして終わりがある。思っていたような成果があげられなかったとしてもそこにはさまざまな課題があるわけで，それを検証するためにも短いスパンで1つの支援は終わりにすべきであるともいえる。子どもの発達段階や世帯の様子に合わせて細やかに支援をしていくために，計画も短期間の連続性でつくっていくわけである。

2）終　　結

　保育における子ども家庭支援において支援の「終結」とは，18歳になったときであろう。保育所は乳幼児期を保育する専門機関であるが，18歳までの継続的な支援が国の子育て支援の考え方であるし，それを実践する環境やスキ

ルをもっているのが保育所であるため，卒園が支援の「終結」ではなく，子どもが18歳になったときを「終結」とし，状態が安定しているとしても見守りのケースとしておくなどして，支援を継続すべきである。

　親子の関係性の基礎や基準が形成されるのは乳幼児期であるが，卒園しても親子の関係はずっと続く。就学以降は親子の関係性に深くかかわることは教育機関では難しく，アセスメントさえもない場合も多い。卒園後の子どもの成長や親のライフイベントの変化などの親子の関係性の揺らぎが大きくなる場合でも，子どもの育ちやそれを支える世帯の養育力が安定的であるならば，子どもに不利益は生じにくいであろう。しかしそうではない場合，いったん見守りケースとした世帯に保育所がなんらかのかかわりの機会を設けて，アセスメントしたり，他機関とネットワーキングしたりすることはある。卒園時を支援の「終結」と定めず，見守っていくケースとしてひと段落させておき，課題が生じた際には直ちにかかわりが再開できるようにしておく必要がある。

3——保育現場の固有性

1 子ども・保護者とのラポール形成

　保護者とのラポール形成（信頼関係の構築）がなければ，支援はうまく進めることができない。しかし，支援対象者の中にはサービスを受けられる機関で傷つく経験をした人や，そもそも人とかかわることが苦手な人もいる。また，生育の中で身近な大人から助けてもらう経験が少ない場合，自分が困っている状態である認識や，サポートを受けるという選択肢がないなど，支援につながりにくいケースがある。

　一方，保育所では，保育者が子どもとの愛着形成やかかわりが適切であるならば，子どもから信頼を得ることができ，それが保護者の感情に大きく影響して保護者からも信頼されることが可能である。「わが子が大好きな先生」「先生はうちの子のことをよく知っている」「うちの子とうまくかかわってくれる」

など，保護者が保育者に抱くポジティブな印象は信頼の基礎となり，保護者とのラポールをスムーズに形成することが可能である。

　保護者との信頼関係は，支援に有効な関係である必要があり，子どもの専門家であるという尊敬が有効である。保育者の中には，保護者よりも年齢も，職業キャリアも，社会的な経験も少なく，結婚や子育てを経験していないことを理由に，子どもの専門性さえも，保護者に譲ってしまうケースがある。保護者の中には保育者が年下というだけで信頼に値しないと判断する者もいるかもしれないが，年齢や子育ての経験などは，保育の専門性を左右しない。保育者の子どもに対するかかわりや丁寧さを知れば，その勘違いはすぐに修正することができるだろう。子どもにとって自分は味方であり，深く子どものことを理解し，その育ちを保障するスキルをもっているという自負をもち，保護者に引け目を感じることなくラポール形成に努めてほしい。

2 ラポール形成と自己開示

　保護者の養育力の低さやマルトリートメントの実態がアセスメントできたとしても，まずはラポール形成をしなくては支援を先に進められない。子どもと愛着形成をしっかりとし，子どもから選んでもらえる保育者になる意義は先に述べた通りである。ラポール形成ができれば保護者は家庭の状況や子どもに対する考え方を自己開示してくれるようになる。保育現場では，住民基本台帳を閲覧する権限がなく，保護者のこれまでの戸籍に関する客観的な状況を知ることが難しい。しかし，ラポール形成により保護者が自己開示してくれるようになれば，主観的な情報の開示により，その情報の真偽を他機関に確認することも可能となる。また，戸籍などには掲載されていない情報の取得も可能である。離婚の事実があったとして，その離婚による保護者の感情は戸籍には書いていない。感情への寄り添いはラポール形成に有効であり，ラポール形成は自己開示に有効である。開示された感情への寄り添いが保護者にとって支えとなるものならば，さらにラポールは深まる。

●参考文献
・F.P.バイステック（尾崎新ほか訳）：ケースワークの原則〔新訳改訂版〕，誠信書房，2006
・小川晶：保育所における母親への支援－子育て支援をになう視点・方法分析－，学文社，2014

第10章 子ども家庭支援のための カウンセリングマインド

　「カウンセリングマインド」という言葉が聞かれるようになってからかなりの年月が経った。教職を専門とする人を対象に「カウンセリングマインド」に関する研修会が盛んに行われていた時期もあった。こうした研修に寄せられた感想として多くみられたのが，「心に残ったのは"子どもを受容する"ということ」であったようである。そして，叱らない先生が増えていった。カウンセリングマインドとは，ただ「そうか，そうか…」と相手の話を聴き，何でも受け入れ相手を許してしまうことではない。この言葉の意味を真に理解するのは一朝一夕にできることではなく，かなり難しい。

　では，カウンセリングマインドとは何か。その言葉自体は和製英語であって学術用語ではない。子どもやその保護者，家庭をカウンセリングマインドでもってどのように支援していけばよいのか。そもそも本当の意味での「支援」とはどういうことなのか。本章ではこのことについて考える。

1──対人関係の基本

1 家　　　庭

　2003（平成 15）年の児童福祉法改正や 2008（平成 20）年の保育所保育指針改定以来，保育士の業務として，「保護者に対する保育に関する指導，支援，地域の子育て家庭に対する支援」ということが盛んに唱えられるようになった。これは，「子どもの背後には保護者がいる」ということを意識したものであり，子どもだけを変えることは不可能であり，保護者の姿勢が子どもの成長に多大な影響を与えていることが広く理解されるようになってきたからである

（児童福祉法 2022（令和 4）年改正，保育所保育指針 2017（平成 29）年改定）。

　子どもにとっては，よくも悪くも家庭が子どもの世界のすべてであると言っても過言ではない。人には，自分が育った家庭の規範が染みつくものである。同じ年齢の幼児でも，ある子どもはレストランで走り回り，ある子どもは落ち着いて座って食べることができる。私たち大人でも，薄味好み，濃い味好みなどさまざまな面で違いがみられるものである。そんな個人差ができるのも，それぞれの家庭で育ち，異なった家族をモデルとして育ってきたからである。

　では，家族なら何もしなくても人間関係は深まるものだろうか。答えは否である。むしろ家族であるがためにさまざまな問題が起こり得る。他人の話であれば聴けても家族の話となるとなかなか腰を落ち着けて聴けないというのもその 1 つの例である。家庭内で人間関係を深めるには努力がいる。だからこそ家庭内で何か問題が生じたとき，第三者による支援が必要となる。しかし，家庭内のことなので他人に話すのは恥ずかしいことだという意識から，あるいは自分たちで解決しなければという思いから援助を求めることができず，援助を拒絶してしまうことすらある。そうこうするうちに問題は余計複雑になり，気づいたときにはこじれてしまっているということが多い。長年にわたる子どもの虐待や監禁が発覚しにくいのも，家庭内のことだからである。

　例えば不登園の問題で，「○○君にいじめられた」と保育所に行くのを嫌がったとする。しかしこれは単なるきっかけであって，不登園の根本的な要因ではない場合がある。もっと深いところにその要因はあり，例えば，親子関係の問題，夫婦間の問題，家庭内の問題，何世代にもわたるその家の問題，等々さまざまなものが考えられる。「きっかけ＝要因」と考えてしまうと見えるものも見えなくなり，表面上は問題解決しても（例えば登園するようになっても），その根本的な原因は解決していないため，また違う身体症状が子どもに出現することもある。また，対応する援助者（例えば担任）が変わると，表面だけを見てすでに問題は解決したと思ってしまい，結局誰も問題の根本を見つめずに新しく生えてきた枝葉を振り落としているだけで，これでは何の解決に

もなっていないどころか，かえって子どもを苦しめることにさえなりかねない。

こういった家庭内の人間関係が，将来の対人関係のベースとなっていく。

2 カウンセリングマインド

カウンセリングマインドとは，「カウンセリングで重視されている対人態度や傾聴の技術を，実生活などで活用しようとする態度・心のもち方」[1]と解説されているが，冒頭でも述べたように和製英語である。さしずめ，カウンセリング的な物の見方，考え方，というところであろうか。

しかし，カウンセリングマインドをもつということは非常に難しい。私たちは人からカウンセリングマインドをもって肯定的に受け止めてもらえたとき，その人に対して心を開けるし，さらにそのことによって，他の人にもやさしくなれる。人に受け入れてもらえた経験がないと，なかなか人を受け入れることはできない。学生の皆さんにはロールプレイでもよいので，ぜひ両方を経験していただきたい。そして受容されたときの心地よさを味わってもらいたい。

人から注意をされると，わかってはいてもなかなか直すことはできないことも，自分から気づいたときには直すことができ，直そうと努力できるものである。つまり，「自分で気づく」ということが大切なのである。この気づきを起こさせるためには『北風と太陽』のストーリーのように，カウンセリングマインドをもって相手を受け入れていくことである。人に受け入れてもらえると，不思議に素直になれるものである。逆説的に言うと素直でない子どもは，そういう経験の少ない子どもであるともいえるだろう。口先だけの受容ではなく，真の意味での受容を経験しているか否かである。受容されている子どもには心の基地がある。安心できる居場所がある。これがあるかないかは大きな違いとなってさまざまな面に現れてくる。

多くの人々がカウンセリングマインドをもってお互いに接するようになれば，日本の家庭もひいては社会も変わっていくだろう。そんな思いからつくられた言葉なのかもしれない。

3 自分を知る

　なぜ「自分を知る」ことが必要なのだろう。

　私たちは気づかないうちに自分の価値観で話している。価値観の幅が狭い人に出会い，その人の価値観で話されていろいろと苦しい思いを経験した人もいるだろう。例えば，年配の人向けの洋服売り場に行くと色はグレーや黒が目立つ。そしてそういう色を好む人も多い。「もう歳なのにピンクなんてとんでもない」というのはその人の価値観である。今でこそ多様な価値観が認められつつあるが，実はまだまだ私たちの心の奥底には「偏見」や「とらわれ」が根強く残っていることに気づいてほしい。そしてそれらを変えていくには何十年もかかるのが現実である。実際，筆者は60年以上前にピンクのランドセルを使っていたが，そこから何十年か経過し，さまざまなカラーのランドセルが出現したにもかかわらず，それでも「黒を持ちたい」という女子はいまだに大人から止められることが多いのが現状である。

　もしも「男のくせにピンクなんて」と思っている保育士が，いつもピンクの服を好んで着ている男の子の担任になったらどうであろうか。その態度や視線のどこかに，非言語的にそういう気持ちが表れるものである。私たちは言葉で語ることがすべてではない。表情，態度，服装など，すべてにその人の思いや考えが表れており，自分では気づかなくても相手はそれを見ているから言葉になっていない言葉を感じ取ってしまう。

　最近では日本にも外国人が増えてきた。外国の子どもたちに「ここは日本なのだからお箸を使うことを覚えましょう。日本の文化に慣れてください」と指導をしている園を見かけることがある。もちろん，異文化を楽しむのはよいが，できないことを強制されてしまうと日本で暮らすことが辛くなることもある。まして子どもならなおさらである。このように，私たちは自分の価値観で，よかれと思って押しつけていることが多々あるのではないだろうか。

　時代が変われば，国が変われば認められることもある。目先のことにとらわれず，保育において何が大切なのかを今こそ真剣に考えなければならないとき

なのではないだろうか。現代は国際的な時代となり，子どもたちはこれからの時代を生きていくのだから，子どもたちがそこで生きていきやすくなるような保育を行いたい。それには「考える力，議論する力（ディベイト）」などをつけることも大切である。そのためにも保育者は自分の価値観，キャパシティを広げるよう日々視野を広げ，さまざまな分野で研鑽を積んでいかねばならない。教育や保育の分野だけでなく，さまざまな分野でという意味である。すべてに精通するのは当然無理であるが，浅くてもよいから視野を広げることが，多様な社会においては支援者や指導者となる人に求められることである。

　また，困ったときになぜ第三者に相談しないか。それは1つには「あの人に相談したらこう言われるだろう」ということが見えているからということもある。支援者の価値観が相談する以前に被支援者にわかってしまうからである。支援者のキャパシティが広く，相談してどのようなことが起こるのか想像がつかなければ，取りあえず相談に出かけるであろう。

　自分の周囲との人間関係を変えたいと思ったら，まずその人自身が自分を知ること。そして他人は基本的には変えられないものだと考え，まず自分がその人への接し方を考えることである。そうすることでいつの間にか周囲の人も変わっていく。人間関係とはそういう相互的なものである。

2——保育者による子ども家庭支援

1 子ども家庭支援のためのカウンセリング技法

　支援するということは相手を操作することでもなく，正しいと思っている方向にもっていくことでもないが，時々支援者が指導者となり相手をコントロールしようとする。ここでの支援の目的は，誰かが支援の手をさしのべてその人が生きていけるようにすることではない。その人が自分で判断し行動できる力をもち，一人で歩んでいけるようになることを目的とする。そのために，相手から心を開いてもらえるような上手な聴き方を紹介したい。

1）傾　　聴

　聞くのではなく聴く。単に相手の言葉を聴くだけでなく，態度や話し方など非言語的部分からも，その言葉の裏にあるものや相手の感情など言葉にならないものまですべてを聴こうとすることをいう。文字どおり，耳と心を傾けて聴くのである。

　聴いてもらうとカタルシス（浄化作用）効果で楽になる。皆さんは，誰かに相談したとき，黙ってしっかりこちらの言いたいことだけを聴いてもらったというよりも，アドバイスや指示をされたことの方が多いのではないだろうか。相談をされると大半の人が「聞く」だけでなく，アドバイスや指示をしてしまう。そこが相談とカウンセリングとの違いであるが，なかなか理解されにくいところでもある。カウンセリングの聴くということは単に聞いているだけでもないし，アドバイスをするわけでもない。前述したように全身全霊で聴くのである。すると相手は聴いてもらうだけで力が湧いてきて，次のステップへと進めるようになっていく。

　しかし「聴く」ということの本当の意味がわかっておらず，形だけそういう技法を使っていると，相手を追い詰めてしまうこともあるので気をつけたい。まず，「聴く」ということをしっかり勉強することであるが，勉強してわかればわかるほど聴くことが恐くなる。それほど人の話を聴くということは，深く大切なことである。

2）相手に聴いているということが伝わる態度で聴く

　人は誰かに真剣に聴いてもらえると楽になり，自分の考えていることが明確になってくる。聴いてもらうことでその問題について思考が深まるからである。そこにはむしろアドバイスはいらない。押しつけもせずしっかりと話を聴いてくれる人の意見は，意見として相手の心に残り，それを参考にして次のステップへと進んでいくことができる。言われたとおりにするのか，ただ参考にするのか，それを自分で考え自分で判断することが大切である。

3）好きなところから話してもらう

　一般的に人に相談するとき，順序立てて話そうとするし聴く方もそれを求め

るが，ここでは順序など関係なく好きなところから話してもらうとよい。そしてそのとき訊き出そうとしないでゆっくりとゆったりと聴き，決して先を急かさない。相手のペースに合わせて聴くこと。「知りたい」と思う気持ちがあるならそれはあなた自身の興味かもしれない。そんなことを満たすために相手は話しているのではないから，相手が満足いくまで話の腰を折らず話したいだけ話してもらう。まずはひたすら聴くことである。

4）自分とは考え方が違っても，その気持ちは支持する

決して指示はしないで支持をする。相手の求めていること，心の声に耳を傾け，「出来事」や「事実」にとらわれることなく「気持ち」を聴いていく。

例えば，相手が「ぶん殴ってやりたいのです」と言えば，「人を殴るなんてとんでもない」と言うのではなく，「ぶん殴ってやりたいと思うほど，その人に対して腹の立つことがあるのですね」と気持ちを受け止める。こう言ったからといって，あなたが「ぶん殴る」ことを認めたことにはならない。

5）否定しない

聴くことと同意する，賛同することとは別である。前述の「人を殴りたい」と言う人の話を「そうか，そうか」と聴いたからといって「殴ってもよい」と言ったことにはならないのと同じである。「殴りたいほどの気持ち」を聴いただけである。聴いてもらった方は，そのことでよりその問題について深く，そして冷静に見つめられるようになっていく。

ここでの注意点は，言葉では否定していなくてもノンバーバル（非言語）な部分で，相手に否定されていると感じさせてしまうことがあるということを知っていること。そうしないとあなたはそのつもりはなくても否定しているのと同じことになるからである。「そのつもりはなくても」と書いたが，そういう態度に出たということは，実はあなたは否定したいのである。

6）他の人と比べない

100 m走って疲れる人もいれば1 kmぐらい平気で走る人もいるし，頑張ってフルマラソンを走れる人もいる。それぞれ個人差があるのだから，自分の尺度で人と比べるのではなく，その人が「疲れた」と言えば，「そう，100 m走っ

て疲れたのですね」とそのまま受け止めればよい。そうすることで相手は「でも，友だちはみんな1km頑張って走っているんです。私も頑張らないと…」と言うかもしれないし，100m走ると疲れる理由に気づくかもしれない。大切なのは自分に気づくことである（100mしか走らないことがいけないことだからそのことに気づかせるということではない）。

7）自分の価値観を押しつけない

　家庭で孤食をしている子どもがいるとする。保育者としてはどこかで家族一緒に食事をとらせたい。そこでこんなふうに助言することはないだろうか。「朝，お父さんが少し早起きをすれば家族一緒に食べられるのです。少しのことですよ。お父さん，子どものために頑張ってもらえないでしょうか」と。

　この保育者は，父親というものは決まった時間に仕事に行ってある程度決まった時間に仕事から帰ってくるものだと思っているのかもしれない。そこには保育者自身がどういう家庭で育ってきたかが影響している。世の中にはさまざまな仕事の人がいて，例えばトラック運転手のお父さんに「少し頑張って早く起きてください」などと言えるだろうか。その結果が事故につながることもある。どこでどう時間を取るかはその家族に任せることであって，決して保育者がどうこうしろと言えることではない。家族にしかわからないことはたくさんある。みんな平等ではあっても，みんな同じではないのだから。ここは提案するよりもその家族にとって何がベターかを考えてもらうことである。

8）開かれた質問と閉ざされた質問を上手に使い分ける

　開かれた質問とは，それについて話すことになるような質問で，閉ざされた質問とは「はい」「いいえ」で答えられ，そこで終わってしまうような質問である。開かれた質問をしなければ話は続かない。それらを上手に使い分けることである。

　話し下手な人と話すときに，まず二者間のラポール（信頼関係）を形成したいのであれば閉ざされた質問から入ることもあろう。次の仕事があるため場を切り上げなければならないときもそれは有効である。しかし，閉ざされた質問では話が深まらない。クラスの友だちと実体験してみるとよい。

9）時間制限をする

　カウンセリングの時間は50分間を目安としたい。50分という時間はちょうどいい。どんな時間かというと小学校から高校までの授業時間，テレビで席を立たずに見続けられる時間ではないだろうか。つまり，なんとか集中できる時間である。50分より短くなると話すことが深まらないし，逆にこれを10分も20分も超えていくと今度は相手の依存心が高まってくる。あるいはカウンセラーの側にも相手との距離感が縮まり，支援者と被支援者の関係を超えて親しくなってしまうことが起こり得る。冷静さ，中立を保つためにもある程度の時間制限という距離を置いておくことは必要である。

　保育者が家庭への支援を行うにあたってもこのことは頭に留めておいてほしい。時間という枠を設けることは非常に大切なことである。また，支援者自身の生活を守るためにも必要である。支援者が参ってしまっては適切な支援はできないのだから。ここで，「私は参らない。大丈夫」と思う人がいたらそういう自分を見つめ直してほしい。自分の心に素直に気づけない人が，人のことならわかるというのは大きな勘違いである。

10）守秘義務を守る

　後で責任を問われることもあるので，記録は大切ではあるが，それはあくまでも自分で責任をもって人の目に触れない所に保管するものであり，簡単に誰かに提出するべきものではない。上司だから，組織だから，と報告義務を背負った人に心を開いて本音を話してくれる人は少ない。子どもも同じである。

　また，大変な話を聴いてしまうと一人では抱<ruby>抱<rt>かか</rt></ruby>えきれず，誰かに話さないと不安になる。そのようなときに安心して話せるスーパーバイザーを見つけておくとよい。現実にはなかなか難しいが，これからの時代には必要となるであろう。

② 保育者として心がけること

1）自己理解を深める

　まず自分を知ることからである。自分の物の見方，癖，価値観などを知って

おく。実は人の話を聴けない人が，しっかり話を聴けると勘違いしていると相手を惑わせることになる。あなたの価値観はあなたが育ってきた環境から形成されている。良い悪いの判断は横に置き，一度見つめ直してみよう。

２）子どもや保護者のモデルとなる

　子どもは知らず知らずのうちに大人の真似をして育っていく。いわゆるモデリングである。保育者が子どもや家族のモデルとなって，かかわり方などを示していく。言葉で教えるよりも，黙ってやって見せているといつの間にか子どもも保護者も真似をしているということがある。だから保育者は，子どもや保護者から常に見られているということを忘れてはならない。

３）心にゆとりをもつ

　自分の心にゆとりがないと他人の心に気づくことは難しい。時々，自分のことを放っておいてでも人の世話を焼く人がいるが，それは自分の自己満足であって相手は満足していないことが多い。結局は相手を振り回すことになる。そうならないためにも心のゆとりを大切にし，本当に相手のためになる支援を心がけたい。ゆとりがあれば自分の価値観を入れずにゆったりとまずは相手の話を聴くことができる。

3――大切な心理的ケア

　子育ては本当に大変で，頭で理解することと実際に経験するのとでは雲泥の差があるものである。その大変さを誰にも理解してもらえないと，育児放棄などさまざまな問題行動につながっていく。子どもが感情を言葉で表現できないとさまざまな身体症状に現れるのと同じで，大人でも自分の感情がわからなくなり，言葉で表現できなくなるとなんらかの身体症状が現れてくる。そして弱者である子どもへとその矛先が向けられることになる。

　以下は保育者に最も関係のある時期を，「子どもの誕生」「乳児期」「幼児期以降」の３段階に分け，その時期における心理的ケアに焦点を当てて述べる。

1 揺れる親の心

1）子どもの誕生

多くの親は，子どもの誕生を喜び，うれしく思う。親になったという意気込み，うれしさ，不安，驚きなど，さまざまな感情が交差する。しかし，時間が経つにつれて現実を実感することとなる。絵に描いたようにはいかないからである。四六時中泣く子どももいれば，おむつ替えに追われるだけでなくお尻がただれる赤ちゃんもいる。お尻がただれればその痛さから火がついたように泣く。その原因はわかっているが，毎回おしっこやうんちをおむつの中にするからなかなか治らない。それどころかおむつを替える度に痛がって泣き，その真っ赤なお尻と泣き声に母親の方も参ってしまう。

そのようなとき，母親の心にゆとりを与えるためにも，まずはしっかりと母親のそのときの心情を受け止めることである。筆者の調査の結果，多くの母親が夫に具体的な手助けよりも精神的な支えを求めていることがわかった[2]。例えば，ここで子育てに詳しい者が母親に代わってうまくその状況を乗り越えたとする。するとそれを目の当たりにした母親は自信をなくしてしまうことがある。だからこそ，やはり具体的な手助けよりもまずは母親の心情を受け止めることが大切である。誰かに受け止めてもらう，わかってもらうことで次のステップへと自分の力で進めるものである。誰かに代わって子育てをやってもらってもそれで母親の気持ちがすっきりするものではない。もちろん，ときには子育てから解放されることは楽になることではありそれも必要ではあるが，気持ちの上で母親から子どもを奪わないようにしたい。

2）乳児期

夜泣き，お乳を飲まない，すぐに吐く，体重が増えない等悩みはつきないものである。しかし，これらは個人差がある。よく泣く子どももいればほとんど泣かない子どももいる。もちろん保護者の対応により泣きやむ子どももいるが，どうしても泣きやまない子どももいて，これも子どもの個性である。

筆者自身，第2子がなぜか夜の11時になると泣き出し，夜中の2時まで抱

いていないと泣きやまなかったという経験をもつ。そのときに一番ありがたかったことは，誰かが交代で娘を抱いてくれたことであった。産後の疲れから解放され，少しでも寝る時間を与えてもらえたことは本当にありがたかった。これは具体的な手助けで助けられた例である。

　また，第2子は少食であまり母乳もミルクも飲まない子どもであった。病院での6か月健診時，看護師さんから体重の増加が少ないことを指摘され「心配ですね」と言われた。「この子はもともと少食ですから」と返しても，「この体重の増え方では心配でしょう」と何度も何度もこちらが心配だと言うまで言われた経験がある。保護者の不安を煽（あお）るような言動は慎みたい。周囲のほんの一言や手助け，支えが母親の気持ちを楽にもするし追い詰めもする。医者や保育者など，とにかく専門家としてかける言葉は大きく相手の心に響いてしまう。

3）幼児期以降

　言葉が遅い，おむつが外れない，成長が遅い，障がいの発見など子どもの成長に伴い，これまでとはまた違ったさまざまな心配が生じてくる頃である。さらに母親が第2子を妊娠するのもこの時期に多い。

　家庭では，夫婦や家族間のもめごと，経済的な不安，進学問題等々いろいろな問題も起こってくる。もちろん，乳児期や出産直後からそういう問題を抱えている家族もあるが，今まで何の問題もなかった人たちも結婚して数年経つこの頃になるとさまざまな問題が生じてくることがある。

　また，子どもの活動範囲も広がるので外とのかかわりも増え，外部からの支援が必要となってくる時期でもある。そしてこれから先もずっと形を変え，保護者は悩みながら子育てをしていくことになる。

２ 支援時の留意点

1）記録とその保管

　何においても記録を取ることは大切であるが，「指導をした」という証のために取る記録であってはならない。あくまでも被支援者のために取る記録であること。そのためにも，不用意に人の目に触れる場所に置かない。机の上に置

くなどは厳禁である。必ず鍵のかかる所，それも不特定多数の人が開け閉めを
する場所ではなく，自分の引き出しなど，個別管理できる場所が適切である。

　皆さんが相談したときの記録が開け放たれたロッカーから見えたら，どんな
気持ちがするであろうか。二度とその相手には話したくなくなるはずである。
心理は微妙なため，細心の注意を払う必要がある。

2）限界を知る

　保育者とはいっても心理の専門家ではない。そのため，自分にできる限界を
日頃から心得ておき，「ここから先は専門家に」と言える勇気をもつことも必
要である。専門家に任せるということは決して逃げたことにもならないし，支
援を放棄することでもない。むしろ，賢明な判断をしたと考えるべきである。
その先は専門家と相談しながら，保育者の立場でできることをやっていけばよ
い。保育者にしかできないことがあるはずである。

3）研修を受ける

　保育の現場において心理面でのスーパービジョン（経験のある人から指導を
受ける）という仕組みはまだ十分に実施されていないが，これからの保育者に
とっては大切な研修であると考える。スーパーバイジーである保育者がスー
パーバイザーのところに行ってスーパービジョンという指導を受ける。

　保育者の間でスーパービジョンというのは，実技などの研修の1つとして行
われているようであるが，ここで述べているのはカウンセラーのトレーニング
のように，実際に支援を行ったケースについて指導を受ける心理面でのスー
パービジョンである。スーパービジョンを受けることで，自分と被支援者との
関係のもち方や自分の弱点など，今まで気づかなかったものが見えてくるよう
になる。そういうことが支援者である保育者にも必要な時代である。

4）保育者の態度

　視線，声の調子・抑揚・高さ，表情，ジェスチャーなど，非言語的なことに
も注意を払ってみよう。カウンセリングを学ぶときに録音したり録画したりし
て，自分が普段何気なくやっている態度に改めて気づくことがある。自分では
気づかなくても相手にはよく見えているのだから，非言語的部分についても振

り返る必要がある。あなたは被支援者にとって話しやすい相手だろうか。「先生の前に座るとなぜかいろんなことを話したくなる」そう言われるなら，あなたは十分支援者としての役割を果たせている。

　支援を必要とする人は心身ともに疲れ果てていることが多い。ただ話を聴いて終わったのでは疲れだけが残ったり，さらに落ち込んだりして二次被害を出すこともあるので慎重に支援に当たりたい。それには支援者であるあなたの態度も重要なポイントとなる。

③ 心理的ケアの実際

　心理的ケアの実際をカウンセリング事例から考えてみよう。幼い頃の思いが後に影響を及ぼしている一事例である。

> 　大介君は中学校2年生。カウンセリングを受けるうちに，二人の弟と自分との間に家族からの差別があると不満を語るようになる。両親は自分には厳しいが弟たちにはやさしく，母親の態度は自分に対するものとは明らかに違う。大介君が保育園に通っている頃，母親はいつも自転車で大介君と2歳下の弟を迎えに来たが大介君はいつも自転車の横を歩かされ，弟はいつも自転車に乗せてもらって帰宅したと言う。
> 　ところが母親に聞いたところ，「それは大介の勘違いであって，私はいつも兄弟を差別しないように意識して育ててきました。お迎え時の自転車のことは特に意識をしていたのでよく覚えています。私は自転車に乗れないので引くだけですが，毎日交代で月曜日は兄，火曜日は弟，と交代で自転車に乗せていました。この子の勘違いです」と言う。大介君は「そんなことはない」と，このときを逃すともう言えないとばかりに横でブツブツ言っている。

　さあ，みなさんは保育者としてこういう場面に出くわしたらどうするだろう。母親は，この記憶に関しては相当な自信があるようである。

　ここで大切なことは，事実関係に目を向けるのではなく大介君の気持ちに寄り添うことである。彼が言いたかったことは，自転車にどっちが乗ったかではなく，親に差別されていると自分が感じているその「気持ち」をわかってほし

かったのである。それなら素直にそう言えばよいと思うかもしれないが，感情面での話は往々にしてこういうことになりがちである。

　一週間後の面接でわかったことであるが，たしかに母親の言うことは正しかった。しかし，母親はもっと重要なことに気づいたのである。大介君の家は商売をしているが，大介君はほかの弟たちに比べて手がかかったため，おもちゃを与えその部屋から出て来ないように鍵をかけていた，という事実を思い出した。そのことをさっそく夫に伝えたところ，「自分たち夫婦がそんなひどいことをするわけがない。三人の息子には平等にしてきた」と夫も同じことを言ったそうである。そこで母親が鍵を取り付けていた傷跡を見せると，夫は「たしかに俺が取り付けたのだった！」と思い出したということであった。母親は「大人ってなんて勝手なのでしょうね」と語っていた。

　記憶というのは曖昧であるが，心に残っていたのは心の隙間，寂しさという感情だった。そして当事者が伝えたいのは事実でなく気持ちであるということを忘れてはならない。こういう形で出てくることはカウンセリングの中ではよくみられる。だからこそ事実関係を追うのではなく，心を見つめ，心の声に耳を傾けていくことが家庭支援におけるカウンセリングマインドの基本である。

●引用文献
1）金田一春彦監修：パーソナルカタカナ語辞典，学習研究社，1999
2）橋本景子：子どもの育ちと母親の育児姿勢(2)—子育て中の母親の意識調査から—，高田短期大学紀要第27号，2009
●参考文献
・橋本敏，福永博文，伊藤健次編著：子ども理解とカウンセリング，みらい　2007
・橋本景子：養育行動・態度に関する父親と母親の認知的不協和とその影響，修士論文，1992
・平木典子：カウンセリングの話（増補），朝日新聞社，1999
・林雅代，山田彩加：ランドセルの歴史と日本人のジェンダー観の関連に関する研究－ランドセルの色の変遷に着目して－，南山大学紀要『アカデミア』人文・自然科学編第24号，pp.183-203，2022

子ども家庭支援に役立てる
事 例 集

事例 **1**   保育所の登園をしぶる子どもへの対応

「うえーん」「うえーん」今日もＡちゃんは母親にオンブされて駐車場からやってきました。年中児になっても「お母さんがいい」と泣きながらの登園は毎朝の行事のようです。昨年からシングルマザーとなった母親は困った様子もなく「おはようございます！」と明るくやってきます。Ａちゃんは玄関に着くと泣くのもやめて背中から自分で下りて保育室に向かって行きます。

Ａちゃんにはやんちゃな元気者の一面もあり，集団の中では主導権を握ろうとしますが，仲間たちは朝の登園の様子を見ているせいか相手にしません。結果として自分の思いが伝わらないと感じて怒ってしまい，友だちを押したり，泣いてしまったりするなど，悔しい思いをしています。担任保育者は「すぐ怒らないで仲良くしてごらん。いっしょに遊んでね」など，辛抱強く繰り返しフォローしています。例えばボールを転がしてはサッカーのようにボールを蹴る遊びを繰り返していくうちに周りの子どもたちも参加してきます。そうしているうちにだんだんとお互いにお話をする機会も増え，仲間との関係もできてきたようです。

Ａちゃんは１歳で入園時から，送迎の際になかなか母親から離れられず，突然かんしゃくを起こして怒り出し，いつまでも泣き続ける様子もみられました。担当保育者は，カンファレンス等で状況を情報共有し，Ａちゃんから目を離さないようにしながらも，大げさな対応をしないよう心がけ，様子を見ていました。Ａちゃんの母親は，送迎の際によく話をしてくれる保護者の一人でしたが，声をかけるのもためらわれるほどふさぎ込んでいる様子がみられるようになりました。園長・保育者ともに，無理にコミュニケーションはとらないよう気をつけながら，それでも少しは言葉を交わすよう継続していました。ただ，母親の様子の変化に伴って，Ａちゃんの行動の傾向もだんだん強くなっていきました。

Ａちゃんが年少組になろうとする春先のこと。園長にＡちゃんの母親から「助けてください！」と電話がありました。夫による暴力とのことで，園長たちがＡちゃんの自宅に駆け付けました。すでに夫はおらず，母親がＡちゃんを抱きしめて二人とも泣いていました。話を聞くと「夫から借金返済のお金を執拗に求められ，最近は暴力もふるうようになった」とのこと。その後のやり取りで，母親からは精神的に追い詰められた様子が感じ取れたため，病院での診察を勧めました。心療内科を受診した結果，母親はPTSD（心的外傷後ストレス障害）と診断され，Ａちゃんはそのおそれがある（幼いので明確な診断はできない）とのことでした。医師からは「子どもとできるだけ一緒にいるようにしましょう。だっこする，手をつなぐなど，気持ちが通い合うようにしてみてください」「そうしたら二人ともよくなりますよ」と助言を受け，母親は涙が止まらなかったそうです。

　それから半年ほど後，母親が会社の昼休みに保育所へやってきました。「夫と別れることにした」との報告でした。「自分が一人でＡちゃんを育てます，よろしくお願いします」という決意表明のような言葉が，園長や保育者たちにとって印象的でした。それに応えるかのようにＡちゃんは少しずつ落ち着いてきて，年中児になった今は泣いたり怒ったりすることが少なくなってきました。

考察・留意点

　子どもにとって，まして２歳児で両親が離ればなれになるということはどんな心持ちなのだろうか。しかも，父親が母親を自分の目の前でなぐったり汚い言葉を浴びせかけたりした上でのことである。

　しかし保育所としては，見えない部分の多い家庭内の事情に介入することは難しく，基本的には気持ちよく登園してもらい，気持ちよく帰ってもらえるように心がけるしかない。この事例で園長が「SOS」を受け取ったのは，園長が毎朝の登園に際して駐車場の整理をしており，Ａちゃんの母親を含め保護者と頻繁にコミュニケーションを取っていたことが背景にある。Ａちゃんの母親が追い詰められたときに頭に浮かんだのが，この場合は園長であった。一人ひとりの保育者も同様に，日々のコミュニケーションから信頼関係を築き，保護者が困ったときに頼れる，相談できる存在でありたいものである。

　また，気をつけたいのは，保育者が自分一人で対応を背負い込まないことである。同僚やベテランの職員，主任や園長などに話して園全体で対応できるようにしたい。場合によっては行政の応援をも得ることができる。園全体でサポートしてもらえるという安心感・信頼感が，子どもの育ち，ひいては命を守っていく上で重要になるといえる。

課　題

❶　登園や園内の活動において子どもの感情表出が不安定な場合，どのような原因があるか，あらゆる可能性を考えてみよう。
❷　子どもに気になる様子がみられるという時点では，保育者は直接的に何ができるか，あるいは間接的には何ができるか考えてみよう。

事例 ②　保育所の登園をしぶる「子ども」の心の理解

　Bちゃんは3歳女子で，ひとりっ子です。父親は会社勤めをしています。

　Bちゃんが3歳になったので母親が働き始めたある朝，突然Bちゃんが「足が痛～い」と泣き叫びました。昨日まで元気だったし，見たところはなんともなさそうです。「大丈夫だよ。保育園行こ！」と母親。子育てが一段落し，数年ぶりにやっと手にしたお気に入りの仕事です。早々に休みたくはありません。

　しかし娘がどうしても「痛い！」と言い張るので，会社と保育所に遅れる旨を連絡し，整形外科に連れて行きました。検査等の結果，やはりどこにも異常はなかったようで，母親は「ほらね，なんともないでしょう」とBちゃんを保育所に送り，出勤しました。

　さて翌日，また同じことが起こりました。母親には「どこにも異常がない」ことはわかっています。そこで「昨日，先生に診てもらったけど，どこも悪くないと言われたよね。大丈夫だよ」と言い聞かせます（このとき，子どもには母親の仕事へのあせりが伝わっています）。そして昨日よりもっと激しく泣くので，「もしかしたら他に原因があるのかも」と再受診をすることにしました。

　初日は一応検査結果や診断に基づき，異常がないことを母親に伝えたドクターですが，今日は母親に「会社を休んで1日そばにいてあげてください」と言いました。その後車に戻って会社と保育所に連絡をしたところ，Bちゃんは「もう痛くない」と言い出し，元気になりました。これは仮病でしょうか？

【母親についての補足】
・働く意欲はあったが子どもの成長を考慮し，働く時期を待っていた。
・子どもが転んだときでもすぐに助け起こすことはなく，様子を見て臨機応変に対応できる母親である。元看護師なので，けがなどについてもある程度の判断力がある。
・保育所から帰宅後の様子がおかしいと思ったときも，問いただすことなく黙って見守ることができる。

考察・留意点

　子どもが突然病気になったり，泣き出したりした場面をしっかりイメージしてみる。そのときの母親のあせりにはどのような思いがあるだろうか。

　事例の中に「母親の仕事へのあせり」とあるが，子どもは親の気持ちを敏感に察しているものである。もちろん子ども自身，そのことをわかっているわけではないが，カウンセリングを深めていくと幼少期からの母親への「気遣い」が根っこにあることが多い。３歳の子どもでも「ママに迷惑をかけている」とどこかで感じているものである。

　この母親は，周囲から見ればたしかに「よい母親」に見える。しかし子どもの立場に立ってみるとどうだろう。「自分の話をしっかりと聴いてもらっている」と感じることはあったのだろうか。親が子どもに「訊く」ことは多い。また，話を「聞く」こともたしかにある。しかし日常においては親主導型が多く，「聴く」ということはあまりできていないのではないだろうか。第10章p.132で，「聴く」ことの重要性を確認してほしい。

　また，この足の痛みは，すぐによくなったので「仮病」と捉えられがちである。みなさんも疲れると蕁麻疹が出たり，病院に行ってもどこも悪くないと言われるのにいろいろと不調が起こったりした経験があるのではないだろうか。これらは心のSOSである可能性がある。その場合，心因性の症状であるため，どこも悪いわけではないのにさまざまな症状を引き起こす。しかし決して仮病と断ずることはできない。

　保育を学んでいくには，ロールプレイングなどを取り入れ，状況に応じその子どもやその人の立場になって考えてみる，ということが大切である。

課　題

　子どもの本当の気持ちに気づかずにいたら，将来どのようなことが起こり得るだろうか。子どものけがや病気という「事実」そのものではなく，自分の子ども時代を思い出しながら，その背景にある子どもの心（気持ち）を理解することの重要性について話し合ってみよう。

事例 **3**　相談を受ける際に必要な姿勢と課題把握

【子ども本人の状況】

・C君（男児），4歳児クラス5月生まれ，定型の発達。身長，体重は発育曲線の平均。虫歯なし。強い偏食，強いこだわりなどは確認されず。

・午睡が必要ではなくなったため，現在は午睡なし。

・0歳児クラスに7月から入園。

【C君の母親および家庭の状況】

・C君の母親（35歳），母親とC君によるひとり親家庭。

・夫（C君の実父）とはC君が1歳児クラスの6月に離婚。C君が0歳児で入園してきたときには，すでに夫とは別居状態。保育所は夫と面識がない。

・C君が2歳児クラスのとき，母親は実家に戻り，C君の祖母（70歳）と同居。背景にはC君の祖父の介護問題もあった模様。半年後，祖父は75歳で他界。

【C君の母親からの相談】

　母親は「ひとり親なのでしっかりしつけたい」と面談で語っており，「ひとり親」であることと「しつけ」の意義とを相関させて考えています。

　昨日，保育所に，母親から以下のような相談がありました。

　「小学生になったときに困らないように塾に通い始めて，宿題が出るため毎日寝る前に取り組んでいます。でも21時くらいになると眠くなってしまって，宿題をしていてもぐずったり未完成になったりして困っています。宿題をしてから眠らせたいので，保育所にいるときお昼寝をさせてもらうことはできますか」

　保育所では，夜の睡眠の質を保障するため，午睡の必要性について個々に判断しており，C君に関しては午睡をせずに過ごしてみることになったことを再度説明し，21時に眠くなるリズムは理想的であることも伝えました。また，日頃から保育所の保育と子育てで大事にすることを共有できるよう努め，乳幼児期の教育は遊びそのものであるというOECD（経済開発協力機構）のレポートや，保育所保育指針に規定される保育を根拠としていること伝えてきています。早期のスキルの教育は成果が得られにくいだけでなく，子どもを誘導すれば「やりたい」と子どもが言い，あたかも主体的に取り組むように見えるものの，それは子どもが発する「発達を保障してほしい」という本来の欲求とかけ離れることも伝えているつもりです。

考察・留意点

　まず，子どもについてのアセスメントと，保護者についてのアセスメントをして，次に，世帯についてのアセスメントをしてみる。その際，子どもの発達の道筋や根拠を知っておく必要がある。子どもの発達の段階に鑑みると，21時に眠くなる生活リズムは適切である。保育所で十分な保育が提供されているなら，発達に合った学修は，コアタイムでもある保育時間で実現できているはずである。午睡をしないことで21時に入眠し夜の睡眠の質が高いならば，さらに安定した発達発育が期待できるので，指導計画の2領域において，このリズムをつくり維持するプランのもと実践してきている。

　しかし，保護者は乳幼児期の学修の意味をとり違えており，その成果を塾に期待している。母親の言う「学修」とは何か，学修の成果をどのように定めているのか，また，それは原家族や社会の価値観や慣習をどのように捉えて重要視しているのかなど，母親の自己開示や普段の何気ないやり取りから情報を得たいところである。乳幼児期の学修やそれを保障する具体的な方法についての適切な道筋や方法をアドバイスするだけでは，この世帯には採用されずに，結果的に子どもの2領域が保障されないこととなり，5領域の教育効果も十分に出せなくなってしまう可能性がある。

課　題

❶　アセスメントするにあたり，第9章を参考にしてジェノグラムエコマップを書いてみよう。
❷　ジェノグラムエコマップを学生同士で見比べたり，共有したりし，アセスメントを進めてみよう。
❸　子どもの発達を保障するような選択を保護者が自ら決めて行動できるようにするために，どのような支援が有効か，プランニングしてみよう。

事例 4　新人保育士と保護者とのかかわり

　私はこの4月に就職した新人の保育士です。担当しているDちゃん（女児）の家庭はひとり親家庭で，Dちゃんはお父さんとの二人暮らしです。Dちゃんも4月にこの保育所に入所しました。毎朝，Dちゃんはお父さんと楽しそうに登園してきます。しかし，最近，Dちゃんの元気がありません。降園時も，お父さんが迎えに来ると，笑顔で駆けて行ったDちゃんですが，最近は笑顔になることも，駆けていくこともなくなりました。

　お父さんは口数が多いほうではありませんでしたが，特に最近は無口になったように思われました。顔色も悪く，元気がないように見えます。何かあったのではないかと心配になりました。お父さんに声をかけてみようとも思いましたが，何か相談をされたわけでもなく，どのように声をかけたらよいのかわかりませんでした。もし大きな問題の相談をされても，どのように答えてよいのかわかりません。そう思うと，声をかけることをためらってしまいました。先輩の先生にも相談してみようかと思いましたが，先生方は忙しそうでしたし，間違っていたら恥ずかしいので，このまま様子を見ることにしました。

　5月の連休明けのある朝，Dちゃんは登園した後，うずくまってしまいました。どうしたのか聞いてみると「朝ご飯を食べていない」と言って，涙を流し始めました。「もしかしたら授業で習った虐待かもしれない」と感じました。

考察・留意点

【1つ目の場面・様子の変化に気がついた場面】

　Dちゃんや父親の変化に気がついた。これは大変重要なことであり，子どもと保護者に一番近い位置にいる保育士だからこそできることである。しかし，こうした変化を父親に直接伝えてしまうと関係が崩れてしまうかもしれない。Dちゃんの成長を伝えながら，家庭での様子などを聞いてみるのも1つの方法である。そうしたアプローチに対し，相談するかどうかは子どもや保護者の自己決定に委ねることになるが，普段のコミュニケーションが十分にできていれば「先生に相談してみよう」と思う気持ちが強くはたらく可能性が出てくる。

【2つ目の場面・普段のコミュニケーションの場面】

　この事例では，父親とのコミュニケーションはほとんどみられない。「無口なお父さん」という勝手なイメージをつくり，話しかけなかったことでよけいにコミュニケーションがうまくいかなかったのかもしれない。「話しかけにくい」「新人なので相談しても無駄かも」と思われてしまった可能性もある。

　仮に「無口な保護者」であっても，普段から声をかけて発信することで，保護者を励ますことにつながる。成長する姿を具体的に伝え，一緒に喜ぶことは子どもへの理解を深め，子育ての喜びを感じさせる。「子どもを見ています」というメッセージが保育士への信頼感を高め，相談のしやすさにもつながる。

　具体的な話しかけ方がわからないときには，一人で悩まずに園長や先輩保育士に相談しよう。「忙しそうだから，相談すると仕事の邪魔になるし…」と思って相談しないと，最終的に子どもに影響が出てしまう。もちろん，間違いだったら恥ずかしいから相談しないなどということは，あってはならない。

【3つ目の場面・Dちゃんから事情を聞いた場面】

　保育士はDちゃんから事情を聞いて虐待だと感じた。本当に虐待なのだろうか。「子どもの貧困」のような経済的な理由かもしれない。あるいは，子育てと仕事の両立が難しいのかもしれない。父親は家事が苦手なのかもしれない。状況によって，保育所が行う支援の方法は違い，連携する機関も異なる。

　虐待であった場合，通告義務は課せられているが，現場の保育士が安易に通告して万が一間違いであった場合，保護者との関係を崩してしまう可能性もある。もしかしたら，虐待疑いとして先輩保育士はすでに対応を始めているかもしれない。まずは，施設長（園長）や先輩保育士に相談し，プライバシーと秘密保持に配慮しながら情報を収集するなど，冷静に対応を行う必要がある。

> ## 課　題
> ❶　あなたがこの新人保育士だったとして，様子の変化に気がついた場面で父親に対してどのように声をかけるだろうか。
> ❷　保護者と信頼関係を構築するために，声をかける以外にどのような方法があるだろうか。

事例 ⑤　育休からの復職と保育所入所の モヤモヤ期への支援

　8月のある日，子育て支援センターに来ていたEさん（4か月の赤ちゃんのママ）は，Fさんから声をかけられました。Fさんは前回のおしゃべり会で知り合いになったママです。FさんはGちゃん（生後6か月）を見守りながら少し不安そうな表情をしています。以降，保育所への園見学に行ってきた後の会話です。なお，ともに初子です。

　Fさん：「保育園，見てきました？」

　Eさん：「いえ，まだ行ってないんです。まだ先だし，いいかな〜と思って」

　Fさん：「そうなんですね〜。私は3園くらい見てきましたけど，迷っていて。10月申し込みだし，職場への連絡もしなきゃと思って…」

　Eさん：「さすが，段取りが早いですね〜…」

　この会話を見ていた支援者のHさんは，Fさんの表情がいつもよりかたいことに気づいて，笑顔で話の輪に入ってきました。

　H支援者：「Fさんは4月に育休からの職場復帰でしたね。園見学いかがでしたか？」

　Fさん：「どの園も特色があっていいなあと思ったんですけど，迷っていて…」

　H支援者：「なるほど。送迎の時間も考えて近いところがいいでしょうかね〜」

　Fさん：「そうなんです。職場に戻ることも，園に入ることも同時だから，なんだかごちゃごちゃしてて…」

　H支援者：「ごちゃごちゃ…たしかにそうですよね。特に気になっていることはありますか？」

　Fさん：「私は歯科技工士なのでスキルが落ちていないかというのが心配ですね。それと，夫がうまく家事を分担してくれるのかな〜と…」

　Eさん：「わかる〜！　うちの夫もほとんど家事やってないから，今から少しずつ手渡していかないと…と思って。あと，私の場合は，朝起きられるかが心配…」

　H支援者：「たしかに，ご自身のことと，おうちでの家事と育児の分担，それと，お子さんのことが同時に変化していきますからね。あ，そういえば，昨年度復職されたかママさんが今日遊びに来ていらっしゃいますよ。お声がけしてみましょうか？」

　Fさん：「はい，ぜひぜひ，お話を伺いたいです！」

考察・留意点

【着目すべき点】

　育児休業（育休）を取得したのちに，1年で復帰するのか，それよりも早く，もしくは遅く職場に復帰するのかは，それぞれの保護者が決めることであり，育休中に心理が変化する場合もある。他者を基準にして判断するのではなく，保護者が自分の気持ちと子どもの状態，職場の状況，家族の意向をふまえて自分で判断できるように支援していきたい。

【心がけたいこと】

　「モヤモヤ，ごちゃごちゃ，イライラ」といった言葉は，何かが混乱していて適切な言葉を見つけにくい状態にあることの表れだと考えられる。これらの言葉の背景にある事情・答えは本人にしかわからない。本人が見つけるプロセスに寄り添い，答えを見つけられるように，困惑の原因を整理したり自分を俯瞰したりしていけるように援助を行う。

課　題

❶〔支援者としてのスキルを確認する〕
　　下線部において，支援者が用いている傾聴のスキルは何か。
❷〔支援者の思考プロセスを理解する〕
　　EさんとFさんの今の状態をどう見取ったのか，そして育休復帰後の先輩ママとつなげることが援助になりうると判断したのはなぜかを考えてみよう。
❸〔未来を予測する〕
　　もし，このように支援者から声をかけられずに不安を抱えたままであった場合，母親はどのような気持ちで子どもに接することになるだろうか。支援センターから帰った後の親子について考えてみよう。
❹〔自分の価値観を理解する〕
　　自分が8月に出産する母親，もしくはパートナーが出産予定の父親だった場合に，育休をどのくらい取りたいだろうか。また，それはなぜだろうか。

事例 6　次々と質問を繰り返す保護者への対応

　2歳のⅠ君と母親は，地域の子育て支援センター（以下，「センター」）へ週1回，決まった曜日に訪れます。Ⅰ君は活発なタイプの子で，遊びを転々としながらセンター内のあちこちを動き回っている様子です。母親は他の利用者と話をする様子などはなく，常にⅠ君の後を追いかけている姿がみられます。

　保育者が，遊んでいるⅠ君と母親の側に行き声をかけることを繰り返すと，最初はあまり話をしなかった母親が，何度目かの利用の際に「あの…子どもにスマホやタブレットって見せるのは悪いんですよね…」と尋ねてきました。<u>保育者は，スマートフォンやタブレットの使用が子どもに与える影響や上手な付き合い方について伝えました。</u>

　母親はそのときは「はぁ」とうなずきながら聞いているものの，不安そうな様子や表情が見受けられます。気になった保育者は，その後も親子がセンターに訪れるたびに，意識して声をかけるようにしました。その都度「あの…」とさまざまな質問をしてくるようになりました。内容は「トイレトレーニング」「食事」「しつけ」など生活や子育ての多岐にわたりいろいろなことを尋ねてきます。保育者は「気がかりなことがあったら自分から尋ねてくれる母親である」と安心した気持ちをもちながらその都度質問に丁寧に答えていく一方で，やり取りをしていても常に不安そうである母親のことが気にかかり，このような対応でよいのか悩んでいます。

　センター内のほかの保育者と話し合った結果，その母親に，センターで実施している「子育ておしゃべり会」への参加を勧めることとしました。参加者が子どもと離れてゆっくりと話し合いができるように，その間，子どもたちはセンターの保育者と過ごします。会の終了後，離れていた間のⅠ君の楽しそうに過ごしていた様子を母親に伝えたところ，「Ⅰは私と一緒のときにはそんな感じじゃないんです。いつも落ち着きがないし。やっぱり私のかかわり方がよくないんですよね。同居のおばあちゃんにもいろいろと言われるんです…」と涙ぐみはじめました。

考察・留意点

　子育ての悩みや不安の背景には，さまざまな要因がある。子どもの特徴によるものや，親子の二者関係によるものに加え，その他の家族との関係によって生じる課題もある。しかし，はじめから「家族内」の問題を積極的に他者に語ったり相談したりすることはハードルが高く，例えば子どもや子育てに関する問題・悩みなど，他の問題としてのみ表現してくることも多々みられる。この際，支援者は，その問題のみに目を奪われたり，表面上の「Q&A」に終始してしまったりすることで，本来の課題に気づくことができない危険性が生じるため，注意が必要である。

　支援においては，「なぜそのような質問をするのだろうか」すなわち「その質問を発する背景にはどのようなことが考えられるのか」と，相手を「理解」しようと思う姿勢が求められる。

　専門職としての支援とはこちらから「何かを伝える」前に「相手の話を聴く」ことが重要であり，その姿勢があって初めて相手に適切な情報や支援を届けられることを常に意識しておく必要がある。

課　　題

❶　母親は，なぜこのように次々と質問を繰り返していたのであろうか。質問を受けた保育者になったつもりでこの母親の気持ちを推察してみよう。
❷　上記❶の推察を受けて，事例下線部のような質問を受けた際に，保育者はこのような対応の他，どのような対応ができるだろうか。具体的に考えてみよう。
❸　上記❷で考えた内容について，母親役・保育者役としてロールプレイングを行い，感想を話し合おう。

事例 7   子どものけんかと保護者同士の関係

　5月，4歳児クラスのJ君とK君が積み木の取り合いでけんかになり，J君が
K君を押して，倒れた拍子にK君は手のひらをすりむいてしまいました。軽いす
り傷ではあったものの，担任保育者はK君のけがの手当てをし，K君の保護者に
けんかからけがに至った経緯と「園の責任である」旨を伝え，J君の名前は出さ
ずに謝罪しました。一方，すり傷程度であったことから，J君の保護者には特に
何も伝えませんでした。

　K君の保護者は，子どもから相手がJ君であるということを聞き，園からJ君
の保護者へも話があったものと思いました。そして，子ども同士のけんかなので
小さなけがは仕方がないこととは思いながらも，その後数日間顔を合わせても挨
拶だけで何も言わないJ君の保護者に不信感をもちました。そのため，ほかの保
護者とのグループチャットに相談のつもりで，「いくら子ども同士のけんかでも，
けがをさせたらふつうは一言謝るよね。なんかモヤモヤする」といった書き込み
をしました。

　その内容がグループチャットを見た誰かからJ君の保護者に伝わってしまい，
園で顔を合わせた際にJ君の保護者はK君の保護者に対して「園からは何も聞い
ていなかった。うちの子がK君にけがをさせたようで悪かったけれど，ほかの人
にではなく私に直接言ってほしかった」と言い，不快感をあらわにしました。J
君の保護者は園の対応にも不満をもち，担任保育者に「うちの子が誰かをけがさ
せた際には，たとえ小さなけがでも謝りたいのですぐに教えてください」と言っ
てきました。

　J君とK君は，けんかの翌日から園では何事もなかったように遊んでいたので
すが，K君の保護者は，その後J君の保護者と顔を合わせるのが大変気まずくな
り，「誰がJ君の保護者に伝えたのか」とグループチャット内のメンバーの犯人
捜しのようなことにまでなってしまいました。

考察・留意点

　次のポイントからこの事例について考えてほしい。

・保育者は子ども同士のトラブル（特に個人のものを壊した，けがをさせた等）について，どこまで保護者に伝えるべきだろうか。けがをしたりものを壊されたりした子どもの保護者にのみ伝えるべきか，あるいは双方の保護者に経緯を伝えるべきか。また，あなたならこの事例の場合，誰にどのように伝えるか具体的に考えてみよう

・保護者同士の関係は，子ども同士の関係にどのように影響するだろうか。J君とK君は園では遊んでいるが，どちらかが互いの家に遊びに行きたいと言った場合，どうなると考えられるか想像してみよう。

・保護者間のグループチャット等の使用について，園は介入するべきだろうか。

・この事例のJ君とK君の保護者，他の保護者との関係について，保育者は介入すべきだろうか。

課　題

❶　あなたが担任保育者なら，この事例の保護者にどのように対応するだろうか，実際に担任と保護者の役になってロールプレイングをしてみよう

　　シーン1：担任保育者とK君の保護者の役になり，保育者はけんかからけがに至った経緯と「園の責任である」旨を伝え，謝罪する。それに対して保護者はどう答えるか考えて演じてみよう。

　　シーン2：担任保育者とJ君の保護者の役になり，保護者が「うちの子が誰かをけがさせた際には，たとえ小さなけがでも謝りたいのですぐに教えてください」と言う。それに対して保育者はどう答えるか考えて演じてみよう。

❷　ロールプレイングをやってみて，または他人のロールプレイングを見て，保育者の対応や保護者の気持ちについて気づいたことをグループで話し合おう。

事例 8　保護者と子どもの気持ちのずれ

　一時保育に，3歳半ぐらいのL君母子が来ました。母親は「3歳児健診で，地域子育て支援センターで遊んだり，保育所の一時保育を利用したりするとよいと勧められた」と話しました。受入時L君は母親の足にしがみつき，いざ，母親がL君を預けて離れようとすると大泣き。保育者は「お母さん，大丈夫です。どうぞ行ってください」と，困った表情の母親を送り出しました。

　L君は母親と別れるとすぐに泣きやみ，ほかの子どもの遊びを眺めていました。先生が窓の外の景色を見せようと窓辺にL君を誘うと，景色よりもカーテンに興味をもち，カーテンにくるまってぐるぐると回転します。先生は「首が締まると危ない」とL君を止めました。今度はほかの子どもが遊んでいる様子を見つつ，部屋の備え付けのティッシュを次々引っ張り出してはひらひらとまき散らしたり，椅子の上に登って棚の上に触ろうとしたりして，その度保育者が「危ないよ」と止めるのを期待している様子でした。ホールで4～5歳の子どもたちが積み木を積んで遊んでいるのをじっと見ているL君に気づいた保育者は，L君をホールに連れていきました。L君は自分で「エレベータ」「1階，2階，…7階，8階…10階」と言いながら，積み木を高く積んでうれしそうでした。

　その後，子どもたちと保育者が集まって手遊び歌をしている横で，ティッシュをまき散らしていたL君。お迎えに来たお母さんに気づき，パッと床に散らばっているティシュをかき集め，すばやくごみ箱に捨て，母親にくっつきました。母親は，わが子がみんなと遊ばず先生を困らせていると思ったようでした。L君の両腕をとって手遊び歌の振りの通りに動かして，みんなと一緒に手遊びをさせようとしました。「無理にしなくていいですよ」と保育者が母親に声をかけると，L君は今度は母親の膝の上に寝そべります。母親は，「外ではおとなしく，きちんとできていると思っていた。家ではおしゃべりが止まらず，応えるのに大変。きちんとしたコミュニケーションの仕方をどうやって教えたらいいのでしょう」と困惑した様子でした。母親に家庭での遊びの様子を伺うと，「園にあるような積み木やブロック，ままごと，お絵かき道具などの玩具は家にはない。母子で，紙吹雪をしたりカーテンでかくれんぼをしたり，家事をしながらL君のおしゃべりに応えたりしている。何が好きなのか，何で遊ばせたらいいのかわからない。子どもと遊ぶのは苦手」と，疲れ切っている様子で話しました。

考察・留意点

　一時保育や地域子育て支援活動の中で出会う親子は，毎日通園する親子とは異なり，普段の様子，家庭の状況などの情報が少ない。また，継続して来てくれるかもわからない。短い時間の中で，保育者は親子について行動観察を中心にアセスメントし，どのような援助ができるかを検討しなくてはならない。

　アセスメントのポイントは，①子育て支援事業利用の理由，②子どもの行動から読み取れる心身の発達状況，③親子関係の課題，などである。

　①については「健診で紹介された」とあることから，子どもの年齢は 3 歳過ぎであり，子どもの発達もしくは親子関係の面で何かしらの援助を必要としている可能性が高いことがわかる。②については，緊張がほぐれてきた後も，発語に一語文が多く，1 ～ 2 歳の子どもが好むような感覚遊びと人の反応を期待した遊びを楽しんでいる。一方で，数の理解があり，相手に合わせて何をすべきかもわかるというアンバランスさがみられる。発達上の課題か，親子遊びや子ども同士の遊び経験の不足などの環境的要因によるものなのかは，今後検討を要する。③母親がよかれと思うかかわりは子どもの思いとずれがあり，母親は，子どもへのかかわり方に不全感を抱いている。子どもの発達を「教える」ことで促そうとする一方で，子どもの思いを感じながら子どもと一緒に楽しんだり遊んだりすることが苦痛で，遊びが思い浮かばないようである。

　このケースのように親子関係に課題がある親子への援助は，子どもへのかかわり方が悪化しないように支えていくことを第一に考える。そして，子どもを守るためのルートを確保し，親子関係の改善に向けての援助を検討する。

課　　題

❶　L 君の母親は子どもに対してどのような気持ちなのだろうか，考えてみよう。
❷　この続きの場面で，あなたはスタッフとして L 君親子にどうかかわるか。それはなぜか。また，母親はそれをどう感じるだろうか考えよう。
❸　親子への継続的な援助を実現するためには，どうしたらよいだろうか。
❹　親子関係改善に向けて，子育て支援センターでは何ができるだろうか。
❺　虐待の可能性が高くなった場合には，どうしたらよいだろうか。

事例 ⑨　　子どもの障がいを認めたくない保護者

　N君（3歳）は，2歳児クラスで入園した当初から，個別の支援を必要とする子どもでした。知的な発達に特に遅れはみられないものの，常に集団での活動が難しく，気に入らないことがあると園内から外に飛び出したり，かっとなると友だちに手が出たり，唾を吐きかけたりするなど友だちとのトラブルが絶えないという様子でした。①N君の母親は仕事が非常に忙しく，園が始まると同時に登園すると，延長保育が終わるギリギリに迎えに来て，あわてて帰るという毎日でした。園から面談の時間を設けてもらえるようお願いすると，②時間をつくってくれるものの「家ではそのような姿はない」，「家ではいけないことをしたときは叩いて強く叱っている，先生方がやさしすぎるから言うことを聞かない」と一方的でした。保育所では，度々ケース会議を開き，N君への支援について話し合い，自治体の児童発達支援センターへの相談を進める必要性があると考えていました。

　③母親は担任保育士に話しかけられることを避けるようになったため，担任は時々送迎をする父親に積極的に声をかけるようにしました。父親も最初は，「自分も小さい頃，落ち着きがなかったから仕方ない」と話し，取り合ってくれない様子でした。しかし，繰り返しN君の様子を伝えていったところ，N君が3歳児クラスになると保護者の保育参加に父親が参加するなど，園での様子を理解しようとする姿がみられました。

　④父親が母親を説得したこともあり，月1回，児童発達支援センターで発達相談を受けることが決まりました。担任保育士も，児童発達支援センターと連携し支援をしていくことで，今後の方向性が見えほっとしたところでした。

　それから2か月後，⑤母親は「センターに行くと，障がい児として見られるのが耐えられない，余計に子どもの様子がひどくなるから自分で何とかしたい」という理由から，児童発達支援センターの利用を急にやめてしまいました。父親も「連れていくのは母親だから」と，それ以上は無理に継続したくない様子でした。

考察・留意点

　早期支援の重要性を理解している保育者にとっては，障がいのある子どもの支援をする場合，他機関と連携し保育を進めていくことが子どもにとって有益であると考えるのが当然である。しかし，保護者の障がい受容には個人差が大きく，特に知的な遅れがみられない発達障害の場合には，時間をかけて話し合うことが求められる。N君の母親の場合においても，保育者との会話を避けるようになった背景には，わが子の発達について心配に感じる節があるからであり，母親はまだ気持ちの整理ができていない様子がうかがえる。保育者に責められている，話しにくいという関係をつくらないためにも，保育者には「障がいを認めたくない保護者の思いを受け止める」という視点が大切である。

　この事例では，母親だけでなく，父親に対してもアプローチをしていったという点においては評価できるが，母親に対する支援については十分に納得する前に児童発達支援センターを勧め，結局行かなくなってしまうなど不十分なところがみられる。児童発達支援センターに行く前に，どのような配慮が必要であったかを考えなければならない。

　また，日常的な虐待とは言い切れないものの，障がいからくる子育ての大変さから，母親が手をあげることをしつけであると誤認していることも問題である。母親の思い受け止めながらも，子どもとよい関係を築くことができるよう，保育者ができることを考えることが求められる。

課　題

❶　下線部①〜⑤を参考に，母親の気持ちの変化を予想してみよう。
❷　児童発達支援センターに行く前にどのような配慮が必要であったか考えよう。
❸　今後の園での支援について考えよう。保育所保育指針「第4章　子育て支援」の「2⑵保護者の状況に配慮した個別の支援」を参考にしてみよう。

事例 ⑩　自閉傾向のある子どもと保育所のトイレ

> 　自閉傾向のある6歳の男児。保育所に通っていますが，トイレに行きたくなっても，ゆとりをもって反応することができなくて，いつもトイレに駆け出してしまいます。
>
> 　"許可を求める"という保育士の期待に応えようとしはじめたところ，トイレにたどり着く前に衣服を濡らしたり汚したりするようになりました。
>
> 　また，家では温水洗浄便座でトイレットトレーニングをした結果，家庭内においてはやっと自立ができるようになりました。しかし，保育所には温水洗浄便座がないため子どもはとまどいをみせています。

考察・留意点

　トイレは生活に不可欠であるため，どんな場面でも対応できるように慣れておくことが大切である。排泄について無理なしつけが長びくほど，子どもはその抵抗の印として，頻繁に排尿をしにトイレに行くこともある。なぜなら，保護者や保育士の気をひくことによって，自分に神経質にかかわってもらいたくないと訴えているのである。このような事態が見受けられたときは，子どもの行動に振り回されず，子どもが「おしっこ」と言ってきたら「どうぞ」と簡単に答え，必要以上に手をかけないようにするとよい。

　自閉傾向のある子どもは，それぞれが独特なニーズをもち，スキルのレベルも異なる。トイレの日課について説明するときには，このことを考慮する必要がある。例えば口頭での指示は，絵カードなど視覚的な指示で補うとよい。すなわち，理解と協力を得られるように，視覚的なサインや具体的に物や程度を示すようにすることで，子どもが理解するのを促進するのである。もし，子どもとコミュニケーションをとる際に絵や物を使うのが効果的であれば，こうした方法の導入を試みてはどうだろうか。

　なお，この事例で象徴的なのは，家庭のトイレが進化するにつれ保育所などのトイレの使い方にとまどう子どもたちが目立ってきたという実態である。

　一般的に，まずは家庭でトイレができるようになることが目標になるが，園などの集団生活を視野に入れ，家庭以外でトイレができるようになることも重要である。保育所などでも，一人でトイレができることを求められる場合がある。近年では，加配保育士（障がいのある子どもを援助）がいたり，発達障がいやその傾向のある子どものサポートをする園が増えてきているが，通園可能な範囲になかったり，十分な支援が受けられなかったりするケースもある。

　日常生活における排泄の配慮事項については，以下の点があげられる。

① 　日常生活動作（ADL）の中でも頻度が多い。

② 　タイミングやコントロールや調整をしなければならない。

③ 　うまくできなかったときの事後対応（掃除・洗濯・洗身）にエネルギーを要する。

④ 　先生や友だちを含め，プライバシーの配慮を必要とする。

⑤ 　場所によって，便器の形や様式や使い方が異なる。

　こうした①〜⑤の配慮事項に加えて，自閉傾向のある子どもに関してはその特性に合わせたかかわりと対応が求められる。重要なのは，家庭や保育所，学校などで，排泄行為の大切さをきちんと教え，自然にできる雰囲気をつくっていくことである。

　関連する社会的な動向としては，例えば小便器を置かず，すべて個室にしている男子トイレを採用する小学校も増えてきている。また，トイレのユニバーサルデザインという考え方から，男女共用トイレの導入も進んできている。こうしたことも含めて，皆が使うトイレについて皆さんで話し合ってもらいたい。

課　題

❶ 　トイレに駆け出してしまう一連の行動に，保育者はどうかかわっていくべきか考えてみよう。

❷ 　衣服を濡らしたり汚したりするようになったのはなぜか考えてみよう。

❸ 　温水洗浄便座がないため子どもはとまどいをみせているのであれば，保育所に設置したほうがよいのかどうか話し合ってみよう。

索　引

す―そ

た行

な行

執筆者・執筆担当

〔編著者〕

植木　信一　　新潟県立大学人間生活学部教授　　　　　　　第1章
（うえき　しんいち）

〔著　者〕（50音順）

小川　晶　　　植草学園大学発達教育学部准教授　　　　　　第9章・事例3
（おがわ　あき）

角張　慶子　　新潟県立大学人間生活学部准教授（臨床心理士）　第7章・事例6
（かくばり　けいこ）

白取　真実　　帝京短期大学講師　　　　　　　　　　　　　第3章・事例9
（しらとり　まみ）

竹並　正宏　　九州栄養福祉大学食物栄養学部教授　　　　　第2章・事例10
（たけなみ　まさひろ）

梨本　竜子　　新潟青陵大学短期大学部准教授　　　　　　　第6章・事例7
（なしもと　りゅうこ）

野島　正剛　　武蔵野大学教育学部教授　　　　　　　　　　第4章・事例4
（のじま　せいごう）

橋本　景子　　高田短期大学非常勤講師（臨床心理士）　　　第10章・事例2
（はしもと　けいこ）

廣井　茂道　　鎧郷保育園理事長　　　　　　　　　　　　　事例1
（ひろい　もどう）

義永　睦子　　武蔵野大学教育学部教授（臨床心理士）　　　第8章・事例8
（よしなが　むつこ）

渡邉　彩　　　新潟中央短期大学講師　　　　　　　　　　　第5章・事例5
（わたなべ　あや）

改訂
保育者が学ぶ子ども家庭支援論

2019年（平成31年）4月1日　初版発行～第3刷
2024年（令和6年）3月15日　改訂版発行

編著者　植　木　信　一
発行者　筑　紫　和　男
発行所　株式会社 建　帛　社
　　　　KENPAKUSHA

〒112—0011　東京都文京区千石4丁目2番15号
　　　　　　　TEL（03）3944—2611
　　　　　　　FAX（03）3946—4377
　　　　　　　https：//www.kenpakusha.co.jp/

ISBN 978-4-7679-5153-9　C3037　　　中和印刷／常川製本
©植木信一ほか，2019，2024．　　　　Printed in Japan
（定価はカバーに表示してあります）